JN106560

「誰かのため」に生きすぎない

精神科医が教える力を抜いて生きるコツ

精神科医
藤野智哉
Fujino Tomoya

はじめに

精神科医として多くの人とかかわる中でよく感じることがあります。

それは、「誰か」のためにがんばれる人、他人には「無理してない？」「疲れてない？」って気づいてあげられる優しい人も、なぜか自分の疲れやしんどさには目を向けてあげられないことがとても多いな、ってことです。

もちろんがんばること自体は悪いことではありませんが、他人を気づかうように自分の疲れやしんどさにも目を向けてあげてほしいなと思うのです。

たとえば、子どものため、家族のためにってがんばっている人。自分のことについては後回しで、体や心の悲鳴に気づいてあげられてないことありませんか？

あるいは職場で、部下のため、同僚のため、チームのみんなのためって、一生懸命で献身的な人。でもそのために自分の生活は大荒れ、疲れきって休日は寝ているだけなんてこともあるでしょう。

小さいお子さんや高齢者、病気の人など、ケアしなければいけない存在が身近にいる人もそうです。その人を中心に生活がまわるのはしかたないともいえるけど、でもやっぱりケアする人自身の生活や人生もすごく大事です。

しんどいんなら、もっと手を抜いてもいい。
「助けて」って頼ったり、甘えたりしていい。
もっと自分を優先にしてもいい。
なんでもかんでも自分で背負わなくてもいいんです。

「誰かのため」というより、「会社のため」「仕事のため」にがんばってしまう人もいます。

これは、経済的に厳しかったり、立場が弱かったり不安定なことも影響しているかもしれません。

会社も仕事も、それでごはんを食べられたり、好きなものを買えたりすることも事実なので大切ですし、大切にせざるをえないとは思いますが、でも、一番大切なのは自分です。

がんばりすぎてしまって自分が倒れたり、つぶれてしまったら あなたがもったいない。

「自分がもったいない」、そんなふうにちゃんと自分の価値を感じられていますか？

他人が作った価値観やルールに合わせすぎて苦しくなってしまっている人も多いですよね。

「社会人なんだからまわりとうまくやんないと」とか「ママになったんだから、子どものために我慢すべき」とか「いつまでもフラフラしてないでちゃんと正社員で働いたほうがいいよ」とか。

「誰か」がつくった「〜すべき」「〜するのが幸せ」みたいな価値観とかルールに合わせようとつい無理してしまってないですか？

小さいころから、親や先生の言う「〜しなさい」とか「〜しないと幸せになれない」をききすぎてしまったり。自分に自信がもてなくて、周囲や世間の「ちゃんと〜すべき」「人は〜じゃないといけない」みたいな考えにとらわれてしまったり。

そうすると、「私はこうしたい」「自分はこれが心地良い」「私の幸せはこれ」という感覚がわからなくなったりします。

それに今の時代ってSNSが発達しすぎて、他人の活躍とか他人がうまくいってるところを見る機会が多いというか、比べてしまう環境が整いすぎているんですよね。

「自分は自分でいい」という気持ちがゆらぎやすいこの環境で、誰かのつくった価値観やルール、正解に振り回されてしまうと、「自分の価値観」や「自分のやりたいこと」「自分の幸せ」がわからなくなってしまいます。

でもね、あなたは別に「誰か」の期待に応えるために生まれてきたわけじゃないでしょう？

「自分」よりも「誰か」の価値観やルールに合わせなくていいんですよ。

詳しくは本文でお伝えしますが、「自分の幸せ」「自分は何を心地いいと感じるのか」をわかっておくことってとても大切です。

そんな「自分なりの幸せ」「自分が心地いいと思うこと」を知って、それを大事にしていくことが、力を抜いてラクに生きるコツなのです。

自分のやりたいことをやっていい。
自分が心から「幸せ」と感じるものを大切にしていい。
もっと自分らしく生きていいんです。

「誰かのため」の人生ではなく「自分のため」の人生を生きることが大切なのです。

そう言われても、いきなり「誰かのため」をすっぱりやめることはできない人も多いと思います。

だから、ちょっとだけ「誰かのため」にやっていることを減らしてみる。

そしてそのぶん「自分のため」の時間を増やしてみる。

「誰かのため」に生きすぎている自分をちょっとだけゆるめてみる。

そんな行動をしてみてほしいのです。


ちなみに、僕自身はやりたいことをやっています。

精神科医をやりつつ、執筆活動もやって、でも自分の生活も大切にしています。

そのために僕は、手を抜いていいところは抜くし、人には頼るし、甘えます。

部屋だって、汚いことよりそうじをすることのほうがストレスなのでそうじはしません。皿も洗えないので食洗機を買いました。

「自分はこれでいい」と思っています。


これは、僕が小さいころ、心臓病になった影響も大きいと思います。

小さいころ、川崎病という病気になったことが原因で、心臓にこぶができて、大きくなるまで生きられるかどうかわからないと言われたこともあったのです。

走ったり、運動とかもできなくて、あきらめなきゃいけない部分もたくさんありました。今も薬を飲み続けなければいけなくて、制限される部分もあります。

「人より人生が短いかもしれない」と切実に感じた経験があるからでしょうか。

与えられた時間でできることはできるだけやりたいと思っています。

どうでもいい人や苦手な人、ましてや嫌いな人の言うことに振り回されたくない。

そんな時間がもったいないと思っています。

大切な人のためであっても、もし自分がつらい、苦しいときは、「自分」を優先にしてほしいとも思っています。


僕はTwitterやVoicyなどのSNSで、日々こうしたことを発信しています。

つらくなったり、しんどくなりすぎると、「心の病気」になってしまう人もいます。

そうなる前に、SNSの発信を見たり、本を読んだりすることで、ラクになって持ち直せるかもしれない。

そういう意味でも発信したり、本を書いたりしています。

この本は、仕事でも家庭でもついがんばりすぎてしまう人、人間関係で「誰か」の決めた価値観やルールに合わせすぎたり、振り回されてしまいがちな人のために書きました。

「誰かのため」に生きすぎているかもと感じたら、立ち止まって、少しだけ自分をねぎらう、自分をケアする、自分を大切にするきっかけになってほしいなって思っています。

「がんばろう」ってときほど、「がんばりすぎじゃないか」って考えてみてください。

２０２３年４月

藤野智哉

「誰かのため」に生きすぎない　もくじ

第1章 まずは「お休みする」だけでいい

第2章

もっと「自分のこと」を気にしてあげよう

第3章

「体の声」が教えてくれること

第4章 無理せず がんばりすぎない「人間関係」のヒント

第5章

うかつに幸せになってしまってもいいんじゃないかな

第1章

まずは
「お休みする」
だけでいい

「歯を磨いただけでえらい！」
「こんなに体が重いのに、
地面にめり込まなくてえらい！」って
自分に言ってみよう。

「誰かのため」を少しだけやめてみて、自分を大切にするヒントをお伝えする本ですが、でも、その前に一つ大事なことがあります。

今のあなた疲れていませんか？

新しいことをできる状態ですか？

疲れているときって本を読むのもしんどいですよね。

疲れていたら、何かをするってだけで大変です。

だから疲れているときは、「がんばった」の定義を「今日も朝起きられた、えらい～」くらいにしてしまえばいいと思います。

よく「私今日も何もできなかった……」みたいに自分を責める人がいますが、そんなことありません。

そもそも、朝起きて、顔を洗って、着替えて、ごはんを食べて、電車に乗って仕事に行った。嫌な人にも愛想笑い（あいそ）いして話したり、パソコンに向かって一生懸命入力したり。もう、それだけできたら十分すごいことです。

無理して新しいことを始めたり、自分を変えようと本を読んだりしなくてもＯＫです。

この本だって、疲れていたり、しんどいときは閉じて寝ちゃってもいいんですよ。

日常って、大変なことがたくさんあるのに、当たり前にされてしまっていることが多いなぁって思います。でも、当たり前じゃないし、すごいこと。

とくに疲れているときは、「成功のハードル」を下げて、自分に甘くするのもいいと思うんですよね。

「今日は歯が磨けたから大成功！」

「コンビニの店員さんにありがとうって言えたから天才！」

「子どもを無事、学校に送り出せた！　すごい！」

あるいは、これくらいふりきれちゃってもＯＫだと思うんですよ。

「こんなに体が重いのに、今日も地面にめり込まなくてえらい！」なんてね。

「成功」や「天才」「すごい」「えらい」の定義なんて自分で決めちゃっていいんです。

また、**自分の「がんばり」に目を向けたり、「やれていること」を認めてあげるの**

も効果的だと思います。

・朝起きて、会社に行く自分
・納期に合わせて、書類を作る自分
・疲れて帰ってきても、お風呂に入って寝る自分

十分じゃないですか。

素晴らしいですよね。毎日、こんなにがんばっているんですから、もっと自分を褒めてあげましょう。認めてあげましょう。

無理してがんばったり、新しいことを始めなくても大丈夫です。

ポイント

無理して新しいことを始めなくてもいい

これだけでいいから覚えておいて。
疲れたら、まずやることは
「休む」ことなんですよ。

誰でもしんどいときってあると思います。

「会社に行くのが本当につらくなった」

「家事が手につかない」

「何をするのもおっくうだ」

「朝なかなか起きられない」


こんなときに、とにかくまずやれるのは「休む」ことです。


「幸せ」って忙しかったり、疲れていたりするときは感じにくいことがあります。

おいしい食事やきれいな風景、お気に入りの洋服、かわいいグッズなど、「あ、幸せ」って思えるかどうかは、自分のコンディションに左右されます。

好きな食べ物を食べても、疲れているときは「あんまりおいしくない」って感じたり。疲れているときは、趣味の映画を観る気も起きなかったり。


だからしんどいときは、まず、「休む」が大事なことです。

何も診断がついてないのに会社を休んだり、しんどさをうまく説明できないのに家事を放棄することに罪悪感をもつ人もいるかもしれませんが、しんどいまま仕事や家事をやっていては、いつか破綻します。

これがベストの選択だと自分に言いきかせて、休養してくださいね。

僕のところには、「私は『うつ』なのかもしれない」と思って診察にこられる人ももちろんいらっしゃいます。

難しいのですが、「うつ」という言葉は一般的によく使われていますけど、僕ら精神科医は「うつ病」と「うつ状態」という言葉を分けて使っています。

「うつ病」というのは、病院を受診して診断がつく病名ですが、**「うつ状態」というのは、病名ではなく気分が沈みしんどい「状態」のことなので、誰だって短期的にはなりえるんです。**

たとえば失恋したり、ペットが亡くなったときなど、ショックなことがあれば一時的に「うつ状態」になります。３日くらい寝つきが悪かったり、食欲がなくなったり、やる気が起きなかったりします。

これって人間としてある意味、自然なことなんですね。
とくに「うつ病」には当たらないことも多いんです。
「うつ状態」の人、すべてが「うつ病」になるわけではないです。
こういった「うつ状態」のときに大切なことは「休む」ことです。
心がダメージを負っている、疲れているんだから休むというのは、基本のキです。

食事と睡眠をちゃんととって休めば、心も体も整っていく。

そうすれば、病気でなければ自然と幸せを感じる心や体に戻っていったりします。
しんどい出来事をきちんと受け入れるために必要な過程なんですね。
疲れていたり、しんどいときは、「まず休む」を覚えておいてください。

ポイント
「まず休む」を覚えてください

テレビの内容が入ってこない。
本を読んでも頭に入らない。
そんな自分のお疲れサインを
見逃さないようにしたいですね。

「しんどいときは、まず休む」と言いましたが、ここで、すべての人に知ってほしいことがあります。

しんどいときほど、あせりや不安で休めなくなる人、めっちゃいます。


たとえば、しんどくて仕事を休みたい場合、

「今休んだら、まわりに迷惑かけてしまう」

「自分がいないと職場の仕事がまわらない。倒れられない」

「しんどいけど、みんなもしんどいんだから、がんばらなきゃ」

なんて考えて「しんどいけど、仕事がんばろう」となるパターンが多いのです。

子育てしながら働いているママでも、「こんなことで休んだら迷惑かけちゃうし、『子育てしてるからって甘えてる』とか思われちゃうかも」と不安のあまり休めない人だっています。


「しんどい。だから休もう」ではなくて、「しんどい。けれどがんばろう」になってしまいがちな人も少なくないのです。

とはいえ、休めないからといって、しんどい状態でいろいろがんばっても、結局うまくいかないんですよね。

だから、自分で自分のお疲れのサイン、がんばりすぎのサインは見逃さないようにしておきたいものです。

お疲れのサイン、がんばりすぎのサインは、日常のいろんなところにあります。

眠れない、食欲がない、めまいがするといった身体的なもの。

イライラしやすくなった、ちょっとしたことで涙が出るなどの感情的なもの。

ミスが多くなった、テレビを見ていても内容が頭に入ってこないなどの状態も、お疲れのサイン、がんばりすぎのサインだったりします。

料理ができなくなる人もけっこう多いです。数日分の献立を考えて買い物をし、いくつかの料理を並行して作るって、とてもすごいことなんです。それが、しんどくなるとできなくなる。

こうした、いつもと違う自分の行動に「あ、疲れてるのかも」「今、がんばりすぎてるかな」って気づいてあげることが大切です。

そしてお疲れの自分、がんばりすぎの自分に、自分がしてあげることは、やっぱり「休む」ことです。

自分自身の体や行動から出ているサインを見逃さないようにしてあげる。そしてサインに気づいたら休むことを大切にしていきましょう。

テレビの内容が入ってこない。本を読んでも頭に入らない。そんな自分のお疲れサインを見逃さないようにしたいですね。

ポイント

いつもと違う自分の行動に気づいてあげる

ときどきでもいい、自分に
「無理してない？」「疲れてない？」
と話しかけてみて。

「がんばって」という言葉がプレッシャーに感じるときは、がんばってはダメなときです。

もちろん、言い方やムードもあるでしょうから、一つの目安と思っていただければと思います。

「がんばって」だけでなく、励ましや単なる会話を悪いほうにとらえてしまうなら、多少無理しても休息したほうがいいかもしれませんね。

他人に「無理してない？」「疲れてない？」って気づいてあげられる優しい人も、なぜか自分の疲れやしんどさには目を向けなかったりします。

他人を気づかうように、自分を気づかってあげてほしいなと思います。自分が自分の一番の味方になってあげてほしいです。

思ったようにいかなかったりして、「もっとこうしたらよかったのに」と自分に厳しくしそうになっても、自分は「自分の味方」だと思えていれば、「いや、ここまではがんばったじゃん」「トライしたことがすごいよ」と自分に言ってあげられます。

ときどきは自分で自分の味方になって、「無理してない？」「疲れてない？」と話しかけてみてください。


「今日、嫌だったのに愛想笑いしちゃったなー」

「『大丈夫です』なんて言っちゃったけど、ダメだった……」

こんなふうに無理している自分、疲れている自分に気づけたら、大成功です。

嫌なことは嫌、ダメなものはダメと、まずは気づけただけでOKです。

なかには「嫌なことがあっても、平気でいられるのが大人なのでは？」と思う人もいるかもしれませんが、それはウソです。そんなウソで自分を追い込まないでください。

もちろん、嫌なことを態度に出してというわけではありません。たとえば、取引先の人に嫌なことを言われて、あからさまに不機嫌になったら、仕事が立ち行かなくなるでしょう。

でも家に帰ってからも、嫌なことを言われて感じたネガティブな気持ちをぐっとこらえて平然としていたら、どこかで無理が生じると思います。
それに嫌な気持ちって我慢すれば消えるわけではありません。消えないで積もっていきます。積もり積もって、どこかで心がポキンと折れてしまうことだってありえます。

だから、「今しんどいんじゃない？」「ちょっと無理してるね」というのをちゃんと自分に確認してあげてほしいんです。

少なくとも自分だけは自分の気持ちを大事にする。そんなスタンスでいてほしいですね。

ポイント

他人を気づかうように自分を気づかう

「さぼっているんじゃない。
エネルギーを溜めているだけ」で
休んでOKなんですよ。

うつになると休みがちになるため、「うつの人は休む」というイメージがある人もいるかもしれませんが、逆です。

むしろ「適切なタイミングで休めなかったからうつになってしまった」というパターンも多いのです。

とはいっても、「まわりに迷惑をかけるし」「私だけ休むのは悪いし」「病気でもないのに」などと、「休めない理由」をたくさんもってしまっている人もいます。

そういう人は、逆に**「休む理由」をたくさん探してみましょう。**

「休めない理由」を考えられる人はいても、あきらかな不調や用事以外で「休む理由」ってなかなか難しい人も多いものです。

たとえば、

・しんどいときにやっても効率は上がらないし
・明日ベストな状態で仕事するために今日は休もう
・子どものことを考えたら、がんばりすぎてつぶれちゃうよりいい

・休んでも、そこまで仕事に穴は空かない
・たいていのことはなんとかなるし、自分の体が一番大事

こんなふうに自分なりに納得のいく「休む理由」を考えてみるのです。

そして、「しんどいな」と思ったときは、こうした「休む理由」を自分で自分に言いきかせてあげてください。

そして、適度に自分に「休み」をとってあげられるようになるといいですね。

この「休む理由」はもっと軽い感じで、

・休みたいと思ったときが休みどき
・さぼっているんじゃない。エネルギーを溜めているだけ

くらいのゆるっとしたフレーズでもいいと思いますよ。

肩の力が抜けて、「もう、休んじゃおう」と思えるならそれでＯＫ。

こうした「気楽に休めるフレーズ」をたくさんもっておくのもいいでしょう。いざというときに役に立つと思います。

しんどくなったら、「気楽に休めるフレーズ」をつぶやいて、えいやっと休むこと。しっかり覚えていてくださいね。

ポイント

「気楽に休めるフレーズ」を考えてみる

「明日から本気出す」って
思い続けている間に人生が終わる。
それもまた、いい人生じゃないですか？

「休まずがんばり続けられる人」ではなく、「がんばり続けるためにうまく休める人」を目指したいですね。

そのためには、何かをがんばろうと思ったときは、同時に「そのぶん、何を手を抜こうか？」って考えてみるのはいかがでしょう？

人それぞれ、がんばれる量には限界がありますから、「ダイエットのためにジムに通おうと思ったら、そうじは手を抜く」みたいな工夫が必要です。

何か新しいものを手に入れたら、いらないものを断捨離するみたいに、タスクもうまく減らせるといいですね。

用事を詰め込んだほうがえらいと思い込んでいるストイックな人もけっこう多いです。

「ダラダラして一日が終わってしまった」なんて落ち込む人もいますが、貴重な時間をムダに使うなんて最高の贅沢(ぜいたく)です。たまには贅沢な日があってもいいじゃないですか。

よく「何もしないをやりにいく」と言って旅行に行く人もいますが、その「何もしない」を家でできたのだから最高です。

明日にまわせることは明日にまわしましょう。

明日やれることも今日やってしまう、という人も少なくないのが世の中だと思いますが、明日もし死んだら、明日に残しておいた嫌なタスクをやらずにすむかもしれません。

今日無理やり嫌なタスクをやったのに、明日死んだら悔しいじゃないですか。

「明日から本気出す」でいいんです。
「明日から本気出す」って思い続けている間に人生が終わる。
それもまた、いい人生じゃないですか？

通常営業はゆるめて、本気は非常時にとっておきましょう。

結局、非常事態なんて起こらず、本気出さずに人生を終えられたらラッキーです。

よく「本気出せ」とか言われますけど、本気出さなくてもやれているのであれば、そんないいことってないですよね。

今は省エネの時代ですが、別に私たちの人生も省エネでいいわけですし。こんなに「省エネ、省エネ」と言われているのに、人生だけフルパワーを求められるのも、ちょっとどうかなと思います。

あと、本気をとっておくよさは「余裕」が生まれることです。余裕があれば何かあったときにあせらないですからね。

普段からフルパワーだと、何か不測の事態が起きたときに、もういっぱいいっぱいになって対応しきれません。

余裕があることによって客観的に自分を見ることもできるし、それこそ「まだまだ自分で処理できるな」とゆったりかまえられるし、本気はとっておいたほうがいいと思います。

ポイント

明日にまわせることは明日にまわす

足は「逃げる」ために使っていい。
逃げ出す道が「前」でもいい。

「疲れたら休もう」と言うと、「休むとさぼってるみたいで罪悪感が湧く」という人もいるでしょう。

休んだって、ゆっくりしたっていいんですよ。
良き日のために、エネルギーを溜めておかないといけないんだから。

スヌーピーもこう言ってます。

I need plenty of rest in case tomorrow is a great day…
（明日がすばらしい日だといけないから、うんと休息するのさ…）

休息って前向きなことなんです。

まあ、後ろ向きでもいいんですけどね。

「人は前向きじゃないといけない」って思い込みすぎている人が多い気がします。前に進みたくないときは、いったん止まっても、寄り道してもいいんです。

「そもそも、前向きっていうけど、その方向が『前』だなんて、誰が決めたんだ？」ってパターンもありますよね。

たとえば、同僚に「上司に少しくらい暴言を吐かれても、前向きにお仕事がんばろうよ」と言われたとして、「それって本当に前向きなのかな？」と疑問に思いませんか？

上司の暴言を我慢し続けることは、単に同僚や上司にとって「前向き」なだけで、自分にとっては「後ろ向き」、「自分いじめ」を放置し続けることにもなりかねません。

何が前向きかは自分で決めるものだと思います。
今向いているほうが前でいいし、逃げ出す道が前でもいい。

「逃げる」だってそうです。

「攻撃してくる人から逃げる」「不愉快なSNSの書き込みから逃げる」「ブラックな職場から逃げる」「婚活のプレッシャーから逃げる」「毒親から逃げる」……これってそんなに後ろ向きでしょうか？

足は前に進むためにある、なんて言う人がいるけれど、私は逃げるために使ってもいいと思います。
だって逃げる方向が本人にとっての前なんですから。

無理して前向きにならなくていいし、嫌な場所から逃げてもいい。
嫌なことをされたときに我慢して笑うのが愛想というなら、愛想なんて捨ててもいい。
本当に自分の大切なものにエネルギーを使うときのために、休んだっていいんです。
嫌な人のために自分が我慢しなくてもいいんですよ。

ポイント

何が前向きかは自分で決める

心を鍛えて強くするより、
弱くても生き延びられるよう、
ストレスの受け流し方やケアの方法を
身につけるほうが圧倒的に大事。

「どうしたら心を強くできますか？」と聞かれることがあります。

心を鍛えて強くするより、弱くても生き延びられるよう、ストレスの受け流し方やケアの方法を身につけるほうが圧倒的に大事だと思っています。

筋肉は負荷をかけることで鍛えられますが、心ってそういうものではないんですよね。負荷をかけ続けると折れてしまいます。

最近、よく取り上げられるのが「レジリエンス」という言葉です。「しなって元に戻る力」みたいな意味で使われています。

たとえば「強い木」というと、もちろん「太くてしっかりした木」もそうなんですが、「よくしなる木」もやっぱり強い木だと思うんですよ。

強風が吹いてもよくしなるから、めったに折れない。そのうち枝分かれして風を受け流せるようになっていく。

そうした「受け流す力」もまた、強さだと思います。

あるいは、神社の御神木には添え木をすることがありますよね。自分以外のものに重さを分散させて、折れないようにしているのですが、別に一本で強く立つ必要はないんですよね。

人間も同じで、自分にかけられた負荷を他人にちょっと手伝ってもらうのも強さだと思います。

つまり「強くなる方法」っていっぱいあるんです。

自分でひたすら強くなろうとするんじゃなくて、受け流し方を知っていたり、まわりに頼ったり、「助けて」って言えるようになることも、すごく大事だと思います。

「心を鍛えろ」と言う人もいます。「俺がきついことを言ってやってるのは、お前のためなんだぞ」なんていうパワハラ上司なんかもそうでしょう。

もちろん、参考になると思ったら聞いてもいいんですけど、こうした相談を受けた場合、私は「そんなド正面から向き合わないでね」「受け流してね」と言ってます。

仮に、本人が「もっと強くなりたい」と思っていても、別にパワハラ上司に鍛えてもらわなくてもいいですよね。

「これは乗り越えなきゃいけない試練だ」などと言ってくる人がいても、本当に自分が乗り越える必要があるのかを考えたほうがいいです。

「なぜ、他人が出してきた試練を乗り越えなきゃいけないのか」って視点も必要かもしれません。

試練なんて、避けられるなら避けて通ったほうがいいじゃないですか。

「自分はこれとこれだけあれば満足だから、こんな試練はいらないや」

そんなスタンスもアリなんです。

自分の人生に必要なものだけを大事にしていく。

そんなしなやかな取捨選択が「心の強さ」につながっていくと思います。

ポイント

受け流す力、頼る力を身につける

何もできなくて、ただ生きているだけ。
そんな自分自身も素晴らしい。

「私ってあれも、これも、こんなことすらできません」と言われる人が多いです。


「今までできていた歯磨きができなくなりました」

「SNSをちゃんと見られないし、LINEの返事も返せないんです」

「メイクする気力がありません」

「お風呂にも入れなくて一日寝ています」

「何もできてなくて、もう消えたいです」


本人は自分を何もできない人間だと思うかもしれないけど、実際はそんなことありません。人って生きてるだけでいろいろなことが積み上がっているんですよね。

歯は磨けないけど、朝起きてスマホは見られた。

メイクはできないけど、冷蔵庫を開けて牛乳は飲めた。

なんといっても、「消えたい」と思ってるのに、生き延びてるじゃないですか。つらい気持ちと戦って、生き延びた。


それはとんでもなく素晴らしいことです。

何もしていなかったとしても、一日中横になっていても、です。

僕はいつも、こう思うんです。

何もできなくて、ただ生きているだけ。

それがどんなに素晴らしいことかを知ってほしい。


何もできない、自慢できないポンコツな自分を、理屈抜きに愛する感覚といったらいいでしょうか。

この感覚をもつことが、ついがんばりすぎてしまう人、他人に振り回されてしまう人にとって、とても大切なことです。

この感覚を「セルフラブ」っていいます。

自分を愛する、自分を慈しむ、自分を許す、自分を認めるというような感覚です。

「自己受容」とも近い感覚だと思います。

「セルフラブを大事にしてください」「自分を愛してあげてください」と言うと、「ダメな自分を愛するなんて無理です」「認められる部分なんて、一つもありません」なんて言う人もいます。

大丈夫です。いいところなんて何もなくてOK。

なぜならセルフラブって、「これができるから」とか「誰かより優れているから」もつことができるものではないからです。


ただ、今ここにいる、ありのままの自分を愛する。

何もできない赤ちゃんを愛する親のように、根源的な受容なのです。

このセルフラブの感覚をもっと大切にしてください。


「あれができる、これができる」で塗り固めた自己肯定は簡単に崩れ落ちる。

「あれもできない、これもできない、でもそんな自分でいい」。

そう思えるようになりたいですね。

ポイント
「ありのままの自分」をそのまま愛する

「ちゃんと生きてきた自分」を
そろそろぶち壊してみよう。
もっと力を抜いていいし、
もっと手を抜いたって全然いい。

疲れがたまってくると、ちょっとしたことにイライラしたり、ついものごとを否定的に考えてしまったり、大事なことを雑に扱ってしまったり、あまりいいことはありません。だからなるべく疲れすぎないようにとお伝えしてきました。

でも実は、疲れたときって「ちゃんと生きてきた自分」をぶち壊すチャンスだったりもします。

「ちゃんと生きてきた」って悪くない言葉ですが、案外「ちゃんと常識に縛られてきた」「ちゃんと他人の目を気にしてきた」「ちゃんと親に言われたレールを走ってきた」みたいな、幸せから遠ざかる「ちゃんと」だったりします。

だから、疲れたなーと思ったら「ちゃんとした自分」をぶち壊してみるのはどうでしょう？

・毎日お風呂に入ってる人は、お風呂に入るのをさぼる
・メイクばっちりな人は、すっぴんで出かけてみる

・洗濯物もたたまず、部屋も片付けずに寝てしまう
・「できないから手伝って」と仕事でヘルプを頼んじゃう

そんなふうに、**ちゃんとした日常をやめてみるんです。**

「そんなことしたら、変な目で見られるんじゃないか」「ちゃんとしてないとダメな人って思われる」みたいに考える人がめちゃくちゃいます。

でも、意外と「ちゃんと」って自分が縛っている思考のクセで、しょうもないものだったりするんですよ。

だって、「すっぴんで出かけるなんて、絶対無理」って言ってる人もいますが、世の中にすっぴんで出かけてる人なんて山ほどいますからね。

それを自分もやってみて、「やっても大丈夫なんだ」って知ることができた瞬間から、今まで背負っていた肩の荷がぐっと減ったりするわけです。

だから、「ちゃんと」をやめてみて、もっと私たちって力抜いていいんだとか、もっと手抜いたって全然いいんだって思えたら勝ちですよね。

よく「年末は大そうじをしなきゃ」って人が多いと思います。

でもね、これは内緒の話なんですが、実は何もしなくても年は越せます。

大そうじをしてない人、今年も何もしなかったとあせる人、年末の雰囲気でしんどくなる人。誰かの決めた「べき」に縛られず、まったり寝てみましょう。

大丈夫。明くる日には来年になっています。


そう、「ちゃんと」を手放してしまっても、案外何事もなく、むしろラクになれるって話なんです。

ポイント
「ちゃんと」をやめてみる

第2章

もっと「自分のこと」を気にしてあげよう

がんばってもがんばっても
幸せになれない。
そんなときは「自分の幸せ」が
わかっていないのかもしれません。

たとえば、本当は家で家族とのんびり過ごすのが「自分の幸せ」なのに、「社会の幸せ」に合わせようとして、バリバリ働いてしまう。

本当は海外を飛びまわって活動的に生きるのが「自分の幸せ」なのに、「親の言う幸せ」に合わせようとして、「結婚しなきゃ」とあせって婚活してしまう。

そしてある日、立ち止まってこう思います。

「こんなにがんばってるのに、なぜ幸せになれないの!?」

心当たりのある人はいませんか?


がんばってもがんばっても幸せになれない。そんなときは「自分の幸せ」がわかっていないのかもしれません。


自分らしく幸せに生きるために、めちゃめちゃ大切なことがあります。

それは、「自分が何を幸せに思っているか」を自分でわかっていることです。

そもそも「自分の幸せ」がわかっていないと、他人や世間や社会の「幸せの基準」に合わせようとして、「自分の幸せ」を取り逃してしまうからです。

とはいえ、「自分の幸せ」ってなかなか気づけないんですよね。

小さいころからまわりに合わせてしまったり、自分に自信がもてなかったり、「自分は～すべき」「人は～じゃないといけない」みたいな「べき思考」にとらわれていると、「自分はこうしたい」「こうしてるのが心地良い」という感覚をもてなくなってしまいます。

それで、つい他人や社会に合わせてしまって「自分の幸せ」が見えなくなり、「自分の幸せ」とは関係ないことをして、不幸感をつのらせてしまうのです。

そんなネガティブな循環は本書を読んでおしまいにしましょう。

たとえば、「年収６００万円以上が幸せ」という人も「３日に１度、大好きなフルーツが食べられたら最高」という人も「毎日、猫におやつをあげられたらハッピー」という人もいるでしょう。

「幸せの基準」は人それぞれです。

あなたの「幸せの基準」とは、親の基準や友人の基準とは違う、いわばあなただけがもっているアイデンティティのようなものです。

アイデンティティって、自然と認識できる人もいれば、ちゃんと自分と向き合わないと見えてこない人もいるんですよね。

とくに他人に合わせすぎてしまったり、メンタルがゆれてしまったり、自己否定が強かったりする人は、自分のアイデンティティや「幸せの基準」が見えづらいということもあるでしょう。

でも、「自分なりの幸せの基準」をつくる方法はいろいろあるので、ちょっとずつ見つけて、つくっていけばいいのかなぁって思います。

ポイント

「あなたなりの幸せ」を知る

「強さ」って、
「みんなと戦って勝つ」ことじゃなくて、
「いらない戦いからおりる勇気をもつ」こと。
ムダなマウントやいらないレースから
おりてしまいましょう。

大好きなモデルさんが素敵だから、ダイエットに励むという人がいます。純粋に憧れや目標とかで目指すならいいと思うんですが、でも、「痩せられない自分はダメだ」「今の自分を変えないといけない」からやるのは、果たして本当に「自分磨き」なんでしょうか。

ただ、「自分磨き」をしているつもりが、いつのまにか無理したり苦しんだりする「自分削り」になってしまうパターンってあると思います。

痩せなきゃ愛されないと思って極端なダイエットに走ったり、会話についていけないと困るから無理して流行りものを買ったり、ママ友のインスタのお弁当写真を見て、あせって好きでもない料理教室に通ったり。

自分のやりたいことだったらいいんですけど、そうじゃないパターンも多いんですよね。

気のすすまない「自分磨き」を続けていると、気持ちがすさんでしまったりするものです。そうなったらもはや、**「自分磨き」ではなく「自分削り」**です。

本当の「自分磨き」って、いらない執着や見栄を手放して、「あるがままの自分を目指すこと」なんじゃないでしょうか。

無理せず生きてるあなたが、たぶん一番輝いていると思うんです。

自分がやってるのは、「自分磨き」か「自分削り」か？

それがわかるポイントは「自分が本当にやりたいことかどうか」につきます。

自分が本当にやりたいことなのか、それともまわりに引きずられて、やりたいような気がしているだけなのか。

それが自分でわかるためには、この二つを考えてみてください。

・自分にとって何が大切か
・どんなときに幸せを感じるか

自分の中のゆずれないもの、大切なものが何かってことを自分でわかっておくことって大事なポイントです。

そして、自分が何をしているときに「幸せだなぁ」と感じるのかを知っておくことも大切です。「なんとなく幸せ」でなくて。

それがわからないと、何をしても、どこまでいっても満たされないからです。

SNSで拾った「幸せっぽいもの」をいくら集めても、それが自分にとっていらないものだったら、幸せを感じることは難しいでしょう。

今って、SNSでの情報量がすごく多くて、人の幸せを見る機会が増えていて、ムダな競争が本当に多いなって感じます。

僕が思う「強さ」って、「みんなと戦って勝つ」ことじゃなくて、「いらない戦いからおりる勇気をもつ」こと。

ムダなマウントやいらないレースから、おりてしまいましょう。

そして、「自分はこれが大切」「これをやっているときが幸せ」というものを見つけにいきましょう。

先ほどの二つの質問の答えを、自分と向き合って考えてみてください。できればノートや日記に書き出してみるといいでしょう。

書くと自分の考えも整理できますし、あとから振り返って確認することもできます。

つい誰かと比べたり競争してしまいそうなときには、「自分にとっての大切なもの、幸せ」を確認するツールにもなります。

「入浴剤を入れたお風呂に入る」「犬の散歩をする」「公園でピクニックをする」「友だちと少人数で飲む」「温泉旅行に出かける」「着心地のいい下着を着ける」……どんなことでもいいです。

自分なりの「大切」「幸せ」を見つけて、知ってください。

他人と比べてではなく、誰かをうらやんでのことでもなく、「自分にとってこれが幸せ」というものを知ることってめちゃくちゃ大切なんですよ。

自分にとっての「大切」「幸せ」を書き出す

自分にとって何が大切か

どんなときに幸せを感じるか

自分にできる範囲でがんばっていく。
あなたにはあなたの素晴らしい道、
あなただけが到達できる道があります。

自分で自分を苦しめている人がめちゃくちゃ多いなと思います。

みなさん自分にとても厳しいです。

と僕がこう言うと、「厳しいのは上司です」「厳しいのは世間です」「厳しいのはまわりの人です」と反応が返ってくることも少なくありません。

そうですね。たとえば小さなミスで上司に叱られたとしましょう。自分に厳しい人は「こんなことで叱られるなんて、自分ってダメな奴だな」と落ち込むでしょうが、自分に厳しくない人は「いちいち細かいなあ。あの人、夕方になると機嫌悪くなるのよね」と気にしないかもしれません。

あるいは、独身で自分に厳しい人は「この歳まで結婚してないと、まわりから問題のある人って思われる」とあせるかもしれませんが、自分に厳しくない人なら「まあ、ご縁がなかったらしょうがないよね～」と何も気にしない場合もあります。

まわりの人や状況が厳しいと思うかもしれませんが、実は自分を厳しく追い詰めているのは自分だったりするんですよね。

自分に対して一番期待値が高いのは自分で、叱るのも、責めるのも、落ち込ませるのも自分というパターンってすごく多いです。

だからまずは、「自分はスーパーマンじゃない」ってことを認めることからだと思います。

人って「私ができないのは、がんばっていないからだ」「努力が足りないから、ダメなんだ」って思いがちですが、人間には限界があります。それを認められないから、「がんばりが足りない」「努力が足りない」と自分を責めてしまう。

でも、そもそも「がんばったから、できる」ってことばかりじゃありません。とはいえ、別に「がんばること」を否定しているわけじゃありません。

自分にできる範囲でがんばっていく。できることをやっていくのは素晴らしいことです。

向上心は素敵だし、自分のできる範囲で目指すのはいいけど、無理なレベルのところと比べて現実的じゃないトロフィーをとりにいっちゃうのは、むしろ不要というか、向上心ですらないんじゃないのかなと思います。

今、SNSにはすごい人、優秀な人、美しい人の投稿がたくさんあります。憧れるのはかまわないけど、そうした人たちを自分の道の先に設定すると、苦しくなってしまうでしょう。

彼らは自分の道の先にいるのではなくて、自分ではたどり着けない、どっか遠い場所にいるんです。別に「あなたは、どうやってもあの人になれない」とかネガティブなことを言いたいわけじゃありません。

あなたにはあなたの素晴らしい道、あなただけが到達できる道があります。

自分とは関係のない人と自分を比べて、自分で自分を傷つけたり、苦しめるのはやめませんか？

あなたには、あなたの道を自分らしく歩いていってほしいですね。

ポイント

「自分はスーパーマンじゃない」と認める

自分が幸せになることを、
心の底から受け入れられたら勝ち。
「自分なんか」って言葉とはお別れしよう。

「幸せになりたいです」と口では言いながらも、心の奥では「私なんかが幸せになっていいの?」と不安になり、無意識に幸せではないほうを選んでしまう人って案外多いのではないでしょうか。

過去は過去で置いておいて、未来のためにこう思ってみるのはどうでしょう?


自分は幸せになる権利がある。

何もできてなくても、欠陥ばかりでも、ありのままの自分で幸せになる権利がある。


自分が幸せになることを、心の底から受け入れられたら勝ちです。

もちろん、これまで不幸を選んできた歴史がありますから、すぐに切り替えるのは難しいでしょう。

ただ「無意識に不幸コースを選んでるかもしれない」ということは押さえておきたいです。

ちなみに、不幸コースを選びがちな人が使う言葉があります。

それが「自分なんか」です。

「自分なんかが『やりたいことをやる』なんて無理だよね」
「自分なんかに素敵なパートナーができるはずがない」
「自分なんかが仕事で認めてもらえるはずないよね」

「自分なんか」って言葉とは今すぐお別れしたいですね。
自分を認め、許してあげないと、幸せにはなれないですから。

「自分なんか」はほとんどが単なる思いグセです。とくに根拠があるわけではなく、なんとなーく思い込んでいるイメージみたいなものでしょうか。
だから「自分なんか」グセを手放すには、自分のいい部分に「ちゃんと」目を向けることです。「自分のいい部分に目を向ける」って言うのは簡単だけど、めちゃくちゃ難しいですよね

そんなときおすすめなのが「自分を大切な友だちだと思ってみる」です。
目の前には大切な友だちであるところの、あなたがいます。

友だちは落ち込んでいます。

「私なんか、何をやってもダメだし……」

何かかける言葉はありませんか？

「そんなことないよ、真面目に出社してそれだけでえらいよ」

「落ち込んでる人の話を聞いてあげてたよね。すごく優しいね」

「この前作ってくれた料理、おいしかった〜！　料理の天才だよね」

「あなたは素晴らしいんだから、私なんかなんて思っちゃダメ」

そんなふうに言いたくなってくるでしょう。

そう、あなたには自分では気づかないよい面がたくさんあります。

そこにちゃんと目を向けて、「自分なんか」グセを手放していきたいですね。

ポイント

自分を大切な友だちと思って、よい面を見る

あなたにとって「仕事」は、
「大事なものランキング」の何位ですか？
仕事が一番大事じゃなく、
あなたが一番大事です。

これまで真面目にがむしゃらに働いてきた人から、「突然、『しんどいから休む』みたいなことをすると、自分が自分でなくなってしまうような気がする」と言われたことがあります。

「自分が自分でいられなくなる」ということは、「自分＝会社」や「自分＝仕事」になってしまっているということだと思うんですよね。

こういうときは、次のような質問を考えてみるといいと思います。

自分にとって「仕事」は、「自分が大事なものランキング」の何位ですか？

大事なものの中には「健康」だったり、「家族」「恋人」などいろいろあるでしょう。

でも、「仕事」ってそれより大事でしょうか。

「仕事」って言われるとなんとなく大事な気もするかもしれません。まあ実際、大事ですしね。それでごはん食べたり、家を借りたりしていることもありますしね。

でも、心や体が壊れてもいいくらい大事でしょうか。

そもそも無理してしんどくなったら、結局、仕事を休まなければいけなくなります。

だったら、収入はちょっと減るかもしれないけれど、無理しないで長く続けることのほうが大事だったりもするんです。

だから、仕事がしんどくてたまらないけど休めないってときはもちろん、それ以前の段階でも、「自分にとって大事なこと」を考えてみてください。

さらにはそれを書き出してランキング表を作ってみてもいいかもしれませんね。

「自分が大事なものランキング」などのタイトルで、

・あなたにとって一番大事なことは何ですか？
・仕事は何位に入りますか？
・本当に仕事ってそこまで大事なものでしょうか？

こういったことを考えながら書き出してみます。すると、自分を壊してまで働くって、バカらしいし、ムダだなって思ったりしませんか？

とはいえ、「仕事、しんどいな」と思っても、自分で仕事の分量をコントロールするのってけっこう難しいこともあるでしょう。上司がいたり、どこで手を抜いていいかわからなかったり、自分でコントロールできる部分が少なかったりする場合も多いですしね。

だったら、たとえば仕事がとんでもなく大変で、でも自分の力では減らせない場合は、代わりに「仕事以外の何を削れるか」を考えるといいと思います。

・平日は外食やスーパーのお惣菜に頼る
・洗濯は近所のコインランドリーでまとめてやる
・疲れているときはシャワーですませる
・部屋のそうじは週１回でＯＫ

自分で考えつく「手を抜くポイント」を探してみましょう。
手を抜けるところは抜いて、自分を甘やかしてください。

そして、仕事でいっぱいいっぱいのときは、どんどん手を抜いちゃってください。
もちろん、本当につらかったら、転職しても、休職してもいいんですよ。
とにかく無理しないのが一番です。

仕事が一番大事じゃなく、あなたが一番大事です。

ポイント

「自分にとって大事なこと」を考えてみる

自分が大事なものランキング表

1位

2位

3位

4位

5位

「週5日で8時間働く」のが
よく「普通」っていわれていますが、
それでOK、全然やれますって人、
実はもっと少ないんじゃないかな。

「私ってダメな人間なんです。残業なしで働いているだけで、いっぱいいっぱいなんです」って人がときどきいます。けれども、僕は全然ダメなんて思いません。

むしろ、すごいな、よくやってるなって思います。

「週5日で8時間働く」のがよく「普通」っていわれていますが、それでOK、全然やれますって人、実はもっと少ないと思うんですよね。

人それぞれ「キャパシティ」があるのに、ついつい「普通」とか「通常」みたいなもので自分の能力を測ってしまいがちです。

フルタイムで働いて毎日夜遊びできる人もいれば、平日は家でゆっくりしないと働けない人もいます。

自分のキャパシティは少ないのに、人と比べて「私ってできない。ダメな人間だ」なんて否定してしまったりするのはそれこそムダです。

だから、まずは自分の能力を、きっちり100%までいかなくていいんですけど、自分のキャパシティや体力はどれくらいか、ってことを自分なりに把握したほうがいいと思っています。


よくおすすめとしてお話しするのが「自分のしんどさの表を作る」という方法です。

「これができなくなってきたら、倒れるまで40%だな」みたいな自分なりのラインを考えておくのです。

たとえば「お風呂に入るのがめんどくさくなってきたら、しんどさ60%だな」「大好きな漫画を読んでも面白くなくなってきたら、もう80%疲れがたまってきているな」みたいな感じでしょうか。

□朝起きて、重い気分になった（しんどい度20%）
□SNSのキラキラインフルエンサーにイラッとした（しんどい度40%）
□コンビニ弁当ばかり食べている（しんどい度70%）
□生理前でイライラする（しんどい度50%）
□お風呂に入れない（しんどい度60%）
□会社を今すぐ辞めたい（しんどい度90%）

こうやって、「しんどさの表」を書き出してみてください。
「自分の限界」を知っておきましょう。

しんどさの表

□ しんどい度 %

□ しんどい度 %

□ しんどい度 %

□ しんどい度 %

□ しんどい度 %

□ しんどい度 %

□ しんどい度 %

そして「しんどさの表」とともに、「やめること」も決めておくといいでしょう。

ムダな飲み会とか、週末のお誘いとか、仕事帰りの習いごととか、お弁当づくりとか。「やめること」も決めておくのです。

「しんどい度60％になったら、週末のお誘いは断ってゆっくりする」「しんどい度80％になったら有休をとろう」などと自分なりの基準をつくるのです。

そうやって自分の限界を超えないようにコントロールするのです。

誰もが自分のキャパシティがあります。

しんどいの「目安」と「やめること」を決めておきましょう。

線引きせず、なんとなくでやっていると、流されて、限界超えて、つぶれちゃうこともあるんですよ。

普通や通常に惑わされず、自分のキャパを知る

やめることを書き出す

目の前の人を
「うるさい人だ」と思うか
「にぎやかな人だ」と思うかで
世界は変わったりします。

「がんばって」と言われたとき、あなたはどう思いますか？

「期待されてるんだな」「よしがんばろう」と思えるならいいのですが、「この人私にプレッシャーかけてる」「全然できてないと思われてるのかな」とマイナスな方向に思考が向かうときは、ちょっと気をつけたほうがいいです。

同じ言葉を聞いたときに、どのように認知するかで、自分の状態はある程度わかったりします。

「他人の得」を「自分の損」のように感じるときは、自分が満たされていないサインかもしれません。

「認知」が悪いほうに傾いている、つまり調子が悪いのかもしれません。

「認知」とは、出来事や情報を認識、理解する心の動きをいいます。この「認知」は人それぞれ違います。

もっというと「同じ人」でも、「状況」によって認知は変わってきます。

何をしていても楽しそうで、幸せそうな人って、実は特別な世界に生きているわけではないんです。

すごくシンプルな言い方をしますが、**「幸せ」って、世界のいたるところにいっぱい落ちていて、それを幸せばっかり探しているか、不幸ばっかり探しているかってだけの話なんだと思うんです。**

同じ景色を見ていても、幸せを感じる人もいれば、何も感じない人もいる。受け取る姿勢だけだと思うんですよね。

だから「認知」や「受け取り方」を変えると、けっこうたやすく世界は変わって、幸せを感じやすくなったりします。

「認知」や「受け取り方」を変えることを「リフレーミングする」といいます。

「リフレーミング」は、よく「言葉の言い換え」でも使われます。同じことをポジティブな言葉で表現するのです。

たとえば、目の前の相手を「うるさい人だな」って思ったときに「にぎやかな人だな」と言い換える。

これを、「考え方」や「ものの見方」などにも広げて、ポジティブな認知をすることで世界は変わっていくんですね。

電車で子どもが騒いでいる光景を見て、「親のしつけがなっていない」と不快に思う人もいれば、「元気でかわいいわね〜」とほほえましく思う人もいるでしょう。

上司から突然仕事をふられたときに、「仕事がふってきたよ、憂鬱だなぁ」と思う人もいれば、「終わったら、そのあとの酒がうまいだろうな」って思う人もいます。

同じ状況であっても、受け取り方は人それぞれ。

別に人と違ってもいいし、違うのは当然ですが、もしも「何かしんどいな」と思うなら、自分の「認知」を疑ってみるのはどうでしょうか。

「生きづらい世の中だ」と思ったとき、世界の見え方、とらえ方を決めているのは、実は自分自身だったりします。

「自分の認知を変える」ができるようになったら、いろいろラクになると思います。

たとえば「自分は友だちが少なくて不幸だな」と思っていた場合、その「友だちが少ない人は不幸」という認知を疑ってみます。

「どうして友だちが少ないと不幸だと私は思うんだろう？」

というような疑問を自分に投げかけてみて、考えてみます。

「たしかに私は友だちの数は少ないけど、でも、その友だちと過ごす時間はすごく楽しいよなぁ。不幸って感じはしない」

「友だちが少ないけど、すごく幸せそうな人も世の中にはけっこういる」

こんなふうに、自分の「友だちが少ない人は不幸」という「認知」について考えているうちに、自分の思い込みに気づけるのではないでしょうか。

その思い込みは、自分が実際に感じたことではなく、まわりの人や世間の感情や思考が勝手に入り込んでいたということもあるのです。

学生時代に同級生たちと「友だちが少ない人って、なんかかわいそうじゃない？」という話で盛り上がっていたり。

メディアによくある「友だちが多いと、人生が豊かになる」みたいなメッセージをまっすぐに受け取ってしまっていたり。

そんな自分以外の誰かの認知をそのまま受け取って思い込んでいたりするのです。

自分の「認知」を疑ったり、ひもといていくうちに、認知を変えていくことができます。

すると「自分は実は幸せだったんだな」と気づいたりするんですよ。

ポイント

自分の「認知」をひもといてみる

自分の「べき思考」に気づいて、
自分にも相手にも
期待しすぎずいきましょう。

「認知」について、もう少しお話ししますね。

偏った認知を続けていると、考え方のクセとなってしまうことがあるので要注意です。

考え方のクセは、「認知のゆがみ」と呼ばれるものも含め特徴的なものがいくつかあります。

それらを知っているだけでだいぶ違います。知識をもっておくだけでも、変化が起きると思います。

よくない考え方のクセの一つに「べき思考」があります。

たとえば、世の中には「女性は結婚して子どもを産むべき」「上司のどんな指示にも従うべき」「子どものために親は自分のことを我慢すべき」「人は努力して向上すべき」などなど、いろいろな「べき」が存在します。

本心から「結婚したい、子どもを産みたい」とか「上司のどんな指示にもついていきたい」と思うのならいいのですが、まわりの人や世間の価値観に影響されているだけのこともあったりします。

それなのに、「べき思考」にとらわれて「結婚しなきゃ、子ども産まなきゃ」とあせったり、「あんな厳しいことを言う上司の下で働き続けられるかな。転職しようか。でも、転職できるかわからないし」などと思い悩むわけです。

だから、自分の「べき思考」を疑う習慣をもちたいですね。

たとえば、「結婚すべきってよく言われるけど、私って本当に結婚したいのかな？」とか「上司の言うことには従うべきかもしれないけど、いくら上司とはいえ、こんな厳しい仕事に耐えなきゃいけないのかな？」と自分に問いかけてみるのです。

すると、「本当は仕事をがんばって自立した人間になりたいかも」とか「上司の指示より自分の心や体調のほうが大事かもしれない」と、「べき思考」の向こうにある本心に気づけたりします。

「べき思考」は自分だけじゃなく、相手に向けられることもあります。

こちらも注意が必要かもしれません。

「デートなのに割り勘だなんて」と不満に感じる場合は、「男の人が多く出すべき」という「べき思考」を相手にぶつけているのかもしれません。

他人にイライラしたり、がっかりしたりしてしまうときは、自身の「～するべき」を他人にも「期待」として無意識に押しつけてしまってるときだったりします。

ですが、自分だって他人の期待どおりには動かないように、他人は自分の思いどおりには動きません。

自分にも他人にも「べき思考」を疑って、なるべく減らしていきたいですね。

そして、「べき思考」から自由になるためにも、「～すべき」という言葉は極力使わないようにしてみましょう。

ポイント

自分の中の「べき思考」を疑ってみる

「いつも」と「絶対」は
なるべく使わずに、
会話していけたらいいですね。

「〜すべき」と同じように、なるべくなら使わないようにしたい言葉があります。

「いつも」「絶対」「１００％」などです。

たとえば次のようなフレーズを言っていませんか？

「私、こういうとき、いつも失敗するのよね」
「絶対、うまくいかないと思う」
「１００％私が悪い」

数回起こったことを、まるですべてにおいて起こるかのように認知することを「過度の一般化」といいます。

次は成功するかもしれないし、別のことならうまくいくかもしれないのに、「すべてがうまくいかない」と言いきるのは、正しい認知とはいえないですよね。

失敗したときに「私っていつもうまくいかない」なんて思っていると、「私ってダメな人間」と落ち込む元になってしまいます。

本当に「いつも」でしょうか。「うまくいったこと」もあるのではないでしょうか。「私っていつもうまくいかない」と思ったときは、「それって本当?」と疑ってみてください。

そして「うまくいったこと」を探してみるのです。小さな「うまくいったこと」でも全然OKです。

すると、「いつも」じゃないんですよね。


人間関係においても、「いつも」と「絶対」はあんまり使わないほうがいいです。

たとえば、パートナーに「あなたっていつもそう!」と言ったら、ちょっとまずい。だって10回中10回じゃないかもしれない。10回中10回だったとしても、次の11回目は違うかもしれない。

相手が「申し訳ないな」と思っていたとしても、「いつもじゃないだろ」という戦闘モードに入ってしまうことにもなりかねません。

友だちに何か言ったとき「絶対そう言うと思った」なんて返されたら、「絶対って言えるほど、私のこと知ってるの？」とカチンとくることありませんか？

「『絶対』なんてなんでわかるんだ」ってなっちゃうこともあります。

「いつも」「絶対」「１００％」など過度に一般化せず、あるがままの状況をとらえてほしいと思います。

ポイント

「うまくいったこと」を探してみる

心配事のほとんどは起こりません。
だって、あなたは
預言者じゃないでしょう？

幸せの大敵は何だと思いますか？

それは「心配」です。どんなに今幸せな状況にあっても、心配でいっぱいだったら「幸せ感」は味わえないでしょう。

この「心配」も「認知のゆがみ」が影響していることがあります。


「将来、孤独でつらくなりそうで、独身でいるのが心配なんです」

「病気で会社を休んでしまったら、路頭に迷いそうで心配で」

なんていうお話をよく聞きますが、基本的に大丈夫です。

心配事のほとんどは起こりません。

だって、あなたは預言者じゃないでしょう？


「独身だから孤独になる」「会社を休んだら路頭に迷う」って、本当にそうでしょうか？

「独身＝孤独」ととらえる人もいれば、「独身＝自由」ととらえる人もいるように、同じ情報でも受け取り方はさまざまです。人それぞれ「認知のゆがみがある」といってもいいでしょう。なので最近は「認知のゆがみ」という表現もあまり使われなくなってきています。

「認知のゆがみを治さなきゃ」などと思い詰めなくても大丈夫です。誰でも認知のゆがみはありますし、「ちょっと待った。悪くとらえがちだよね、私」などといったん客観視するだけでもOKです。

あとは、今まで心配したことが本当に起こったのか、振り返ってみるのもいいですね。これまでもいろいろ心配なことがあって、「どうしよう、もう終わりだ」なんて思ったこともあったかもしれませんが、終わらずに今日まで来ているわけです。

だから、たとえ「終わった！」と思っても終わってないんですよ。

もう一つ、実際にそうなる確率を考えてみるのもおすすめです。

たとえば会社でわりと大きなミスをした場合、そのあとに起こることの割合を考えてみましょう。

・ミスの挽回で残業になる　95％

・上司にひどく怒られる　70％
・ボーナスの査定に響く　60％
・突然クビになる　5％

どうですか？「クビになるかも！」って心配したところで5％だったりします。ほとんど起こりません。

結局みんなが心配なのは未来が未知だからです。不確定要素が多いから不安になるのです。

今がどういう状況なのかを具体的に考えて把握していくことで、心配も落ち着いてくるのではないでしょうか。

ポイント
実際にそうなる確率を考える

むしろ「社会がこっちに適応してこいよ」
くらいの気持ちでいい。

日々を幸せ気分で過ごすには、「余裕」ってすごく大事なんですよね。

やっぱり同じ状況に置かれたときでも、余裕がない場合とある場合では、その感じ方は全然変わってきますから。

同僚から「服に汚れがついてますよ」と言われても、いつもなら「教えてくれてありがとう」と言うところ、余裕がないと「みんなの前で言うことないじゃん」とムッときてしまうかもしれません。

心の余裕があれば、問題にならないことって意外と多いと思います。

余裕がなくなるパターンはいろいろありますが、「人の目を気にしすぎ」というのも、その一つです。

「いつまでも独身で、まわりになんて言われてるか」

「正社員にならないと、やっぱり世間は認めてくれないのかな」

そんな思い込みが心の余裕を奪っていきます。


むしろ「社会がこっちに適応してこいよ」くらいの気持ちでいいと思います。

実際には、社会はこっちに合わせてはくれませんが、だからといって自分が適応していかなくてもいいんです。あるがままでいることが大事です。

「わがまま」って言葉がありますけど、「我がまま」と書きます。この言葉ってある意味「あるがまま」ってことなんですよね。

「あの人ってわがままよね」って言うと悪口になりがちですけど、ちょっと「わがまま」を悪者にしすぎだなとも思います。

あるがままでいるって素晴らしいことなんですよ。

小さいころに「わがまま言うんじゃありません」と叱られてきた人も多いでしょうから、「わがまま」にネガティブな印象をもつのは当然です。

でも、「わがまま」が悪いわけではなくて、どう表現するかの問題だと思うのです。

たとえば、「スーパーでお菓子がほしいと床に転がってダダをこねる」のはよくないですが、だからといって「お菓子がほしいという気持ち」自体は悪くないですよね。

同じように、「疲れたから休みたい」という感情が湧くのは悪くなくて、それを「私はこんなに疲れてるんだから、あなたが代わりにしてよ」と誰かに丸投げする表現をしてはじめて「それはダメだ」となるわけです。

だから湧いてくる感情は抑えなくていいと思っています。

どんどん「わがまま」になっていいんですよ。

「私は今、お菓子が食べたいんだな」「疲れて仕事がしたくないな」なんていう「わがまま」は受け止めてあげていいんです。

その上で「帰りにコンビニでお菓子買っちゃおう」と素直にわがままを実行するのもいいですし、「明日は仕事に穴を開けられないから、来週落ち着いたら有休をとってのんびりしよう」とできる範囲でわがままを聞いてあげるのもいいと思います。

結局、感情は自然に生まれてくるものなので、受け止めるのが一番です。

その上で「どう行動に出すか」というのが大事なんですよね。

ポイント

湧いてくる自分の感情を受け止めてあげる

嫌な人のために、
あなたの大切な時間を
浪費しちゃダメです。

あなたの寿命が80歳だとしたら、生きるのに与えられた時間は80年、この80年があなたの命といえますよね。

つまり、時間って「命」なんです。

ぐるぐる悩んでいる2時間も、無理して残業する2時間も、仲間と楽しく過ごす2時間も、同じ2時間。

きっちり2時間分の命が削られていきます。

だったら、優先順位を決めて、ムダに過ごしたくないですよね。

もちろん、すぐに優先順位なんて決められないかもしれません。

仕事のノルマはきついし、上司の目は厳しいし、週末はヘトヘトだし、家族との時間だってゆっくりとれないし……何も考えられない、という人もいるでしょう。

でも、もしも今、余命わずかだとしたら、同じ行動をとりますか？

きっと同じ行動はとらないことでしょう。

私は、心臓に病気をもっていることや医師という仕事柄、「人はいつ死ぬかわからない」という気持ちが人一倍強いです。

だから、嫌な人のことを考える時間は1分でもムダだと思っています。嫌な人のことはいつだって考えないようにしています。

苦手な人、嫌な人の行動を「あれってどういう意味かな」「あんなことするなんてひどい！」と考えるなんて、時間がもったいないと思いませんか。

嫌な人のために、あなたの大切な時間を浪費しちゃダメです。

もちろん、嫌な人のために何かをするのは、もっと嫌ですよね。

そんなことより、もっと大切なことに時間を使いたい。

こう考えてみるのもいいかもしれませんね。

もし明日死ぬとしたら、今日どんなスケジュールを立てるでしょうか？

これを考えてみると、自分にとって必要のないものがはっきりと見えてくるかもしれません。

ポイント

「もし明日死ぬとしたら？」を考えてみる

第3章

「体の声」が教えてくれること

体をゆるめてあげる。
それだけであっという間に
心もゆるんだりするんですよ。

第2章は「自分を知る」「自分なりの幸せについて考える」というお話でした。

でも、「いきなり自分を知るって言われてもよくわからない」「自分が幸せと感じることってどこにあるんだろう」と悩んでしまう人もけっこういるかもしれませんね。

頭の中で考えたり、書き出してみたりすることは気づきがあってもちろん大切ですが、「やってみてわかる」こととか「体験を通して知る」こともあるんですよね。

もちろん「やってみたら意外と違った」こともある。

「ラーメンを食べていると幸せ」っていう人もいれば、「ケーキを食べていると幸せ」っていう人もいます。でも、食べてみないと自分がどっちに幸せを感じるかはわからなかったりします。

考えてみてわからないときは、体や感覚からアプローチすることも大切です。

この章では、「感覚」や「体」からアプローチして自分を知る方法をお伝えできればと思います。

別に全部やる必要はありません。ピンときたものだけやってみて、心地よければばと り入れてみていただければと思います。

たとえば、とってもぐるぐる悩んでいてしんどくなってしまったとき。

次から次へと難題がやってきて「もう大変」というとき。

まわりが勝手なことばかり言ってきて「どうしたらいいのよ」ってなっているとき。

そんなときこそ、体にアプローチしてみるのはいかがでしょうか。

心がしんどくなると、体も硬くなってしまいます。

心と体ってつながっているんです。


だから、逆に体をゆるめてあげると、心もゆるんでいきますよ。


私はときどき「漸進的筋弛緩法（ぜんしんてききんしかんほう）」をおすすめしたりします。

これは筋肉に力を入れたあと脱力して、力の抜けた感覚を味わっていくリラックス法です。ちゃんとやろうとしたらテクニックが必要ですが、ここでは簡単な方法を一つお伝えしておきましょう。「肩」を使ったやり方です。

まず、両肩に力を入れてすぼめてみましょう。そのまま数秒間力を入れたままにして、その後、一気に力を抜いて、ゆるめてみましょう。

少し体がゆるんだ感じになりませんか。

いきなり力を抜こうとしても抜けない人が多いので、まず力を入れてそこから抜く感覚を覚えてもらうのです。

繰り返すことで上手に力を抜けるようになります。

体がゆるんだ状態、リラックスした状態で、緊張することって難しいんですね。

だから、ストレスを感じたら「体の力を抜く」ということだけでも大丈夫です。

しんどいときや「いいことないなぁ」ってときは、ちょっとストレッチをして、体を伸ばしたときの気持ちよさを味わったり、お風呂でお湯の心地よさを味わったり。

まず、体から「ゆるみ」を感じることで、心もあとからついてくると思います。

ポイント

心がしんどくなったら、体からゆるんでみる

ちょっと外に出て
散歩してみませんか？

「自分なりの幸せって何だろう?」「自分の幸せの基準を探そう」と考えてみても、「自分で自分がわからない」ということもめずらしくないと思います。

とくに、しんどいときって、考えられなかったりするんですよね。

「ここままじゃいけない、どうしたらいいんだろう」なんてことばかりに目がいってしまって。

こういうときは、頭で考えてもぐるぐるするだけだったりします。


ちょっと外に出て散歩をしてみませんか?


歩いていると、次々と新しい景色が目に飛び込んできますよね。

目的なく外に繰り出せば、非日常の世界が待っています。

視線を自分から外に向けてみると、快晴の空は美しく、街路樹の色は鮮やかで、そこそこに花が咲いていたりするんですよね。


「幸せ」って「状態」なんです。

だから、「正社員でちゃんと仕事をしているのが幸せ」「結婚して子どもがいないと幸せじゃない」「社長になって稼いで勝ち組になったら幸せ」とか大きなことを「幸せ」って考えがちですけど、もちろん考えてもいいんですけど、同時に、「今」「ここ」でも「幸せ」は感じられるものなんです。

とはいえ、人は「未来の不安」や「過去の後悔」に脳みそをもっていかれがちで、なかなか「今」「ここ」を感じられないことも多くて当然だと思います。

そんなときに、「今」「ここ」に目を向けるおすすめの方法があります。

「五感を使う」ことです。

五感とは「視覚（目で見る）」「聴覚（耳で聞く）」「触覚（手でさわる、肌に触れるなど）」「味覚（口で味わう）」「嗅覚（鼻でにおいをかぐ）」です。

「視覚」だったら、美しい風景を見たり、心ときめく映像を観たり。
「聴覚」だったら、好きな音楽を聴いたり、波の音に耳を傾けたり。
「触覚」だったら、ふわふわのタオルを使ったり、動物をなでたり。
「味覚」だったら、おいしいものを食べたり、好きなお酒を味わったり。

「嗅覚」だったら、コーヒーの香りをかいだり、アロマを楽しんだり。

五感が気持ちいいことをするだけで、意識は「今」「ここ」に戻ってきます。

外に出て五感を使って「あ、いいな」「これ、好き」「わ、いいかも」と感じる散歩をしてみましょう。

「大きな幸せ」を目標にするのも大切ですが、日常の中には「小さな幸せ」がたくさん落ちています。

そんな「小さな幸せ」を、五感を使ってたくさん拾えるようになるといいですよね。

ポイント

五感を使って小さな幸せを感じる

生きるのに必須ではないものに
思いを馳せる時間が、
すごく大切だったりするんですよね。

日々の暮らしに追われると、ついつい「効率よくやる」とか「最短の道を行く」とかを気にしがちですよね。

コストパフォーマンスとかタイムパフォーマンスを考えてしまったりします。

「ムダなことやってる場合じゃない」「早く終わらせて次はこれやらなきゃ」などとやらなきゃいけないことをやっているうちに一日が過ぎ去る。

でもね、生きるのに必須ではないものに思いを馳せる時間が、すごく大切だったりするんですよ。

・朝、会社に行く道で「綺麗だな」と空を眺めてみる
・ちょっと高いピアスを買ってワクワクする
・いつもより少しだけ長い時間、半身浴をしてすっきりする
・お昼ごはんのあと、10分だけ近所を歩く

ほんの少しの時間でも、ちょっとした寄り道でもいいんです。こうした時間が嫌な気持ちやストレスとお別れするのにとても大切なのです。

「ちょっと寄り道をする」「いつもはしない行動をしてみる」なんてムダな時間だと思うかもしれませんが、その一見ムダそうな時間にこそ、「幸せになる」エッセンスが含まれているのです。

仕事や家事など「やらなきゃいけないこと」しか考えてないときって、まわりも何も見えなくなってしまいがちですよね。

こんなに世界は大きくて、広がっているのに、すっごい狭い息苦しいところにいる。だから、ちょっとその状態から離れることが大事なんです。

旅行に行くなどできるなら、それがベストなのでしょうが、なかなかすぐにそんなことができる人ばかりではありません。

代わりに「ちょっと寄り道をする」「いつもはしない行動をしてみる」など、生きるのに必須ではないことをしてみる。

すると、仕事や家事、「やらなきゃいけないこと」から離れられて、嫌な気持ちやストレスがスッと消えたりします。そんなときに「自分が心地いいと思えること」「自分が幸せと感じること」にふと気づけたりもするんですよ。

「時間がもったいない」と思って省略せずに、「そんなことしてる暇があったら働けって言われる」とか「世間から非難される」と思い込んであきらめずに、このムダそうな時間を大事にしてみてください。

スマホを置いて出かけるのもおすすめです。
スマホに気をとられずに、時間を味わうことができます。
慣れてない場所だったら、ちょっとした冒険気分が味わえるかもしれません。
ただ、迷子にならないようにだけ注意してくださいね。

ポイント

ちょっと寄り道をしてみる

「自分の設定」を変えてみる。
「ごっこ遊び」をしてみませんか？
大人にもけっこう使えるんです。

「ついついがんばりすぎて、自分のことはいつも後回し。でも、そんな自分の行動パターンってなかなか変えようと思っても変えられない」
「いつも何かに追われてバタバタしちゃう。そんな状況を変えられるとは思えない」
「自分に自信がなくて、いつも誰かに合わせて行動したり、自分が我慢すればいいやと思っちゃう。嫌だけど今さら変わることができるのかな」

こんなふうに、「大切なのはわかるんだけど、自分を変えられるかどうかわからない」ということってあると思います。

そういう人には、「ごっこ遊び」がいいかもしれません。

小さいころ、「ごっこ遊び」をしませんでしたか？
お母さんごっこ、お医者さんごっこ、お店屋さんごっこなど、「自分以外の誰かになる」って、なんだかワクワクします。
この「ごっこ遊び」って、大人にもけっこう使えるんです。

たとえば、「おしゃれな人ごっこ」。「自分はおしゃれな人」という設定にして、おしゃれな街のカフェでお茶したり、デパートでウィンドウショッピングしたり。

それだけでワクワクした気分になれるものです。ショーウィンドウに映る背筋の伸びた自分が、いつもより素敵に見えたりもします。

あるいは、「リッチな人ごっこ」。ラグジュアリーなホテルのラウンジで、「自分はリッチ」という設定でゆったり過ごしてみるのです。

ふかふかなソファに素敵なティーカップ、ゆったりとした雰囲気の中でホテルのスタッフに恭しく接してもらう。

ホテルでお茶をするのはハードルが高いなら、100円ショップに行って、1000円を使いきってみるのはいかがでしょう？

たくさん欲しいものが買えて、リッチな気分が味わえそうです。

あるいは、「人気者ごっこ」もいいかもしれません。

「自分は人に好かれている」「自分は人気者」というスタンスだと、自分から笑いかけたり、素直な発言ができたりするものです。

ちょっとくらいＬＩＮＥの返事が遅くても気になりません。

だって、「人気者」なんですから。

「人気者ごっこ」をやってみると、意外と人から親切にされたり、笑いかけてもらえたり、いい反応があったりすることも。すると、「あ、この人って意外と優しいんだ」とか「案外、素直になってもいいのかも」と思えたりするものです。

いろんな「ごっこ遊び」をやってみてください。

いろんな「設定」「ごっこ」を試してみると、日常の自分からちょっと距離をとることができます。

そして「変えられない」と思っていた自分の考えや行動パターンを変えるきっかけになったりもするんですよ。

案外、くよくよしていたことが、バカバカしく思えるかもしれません。

ポイント

「ごっこ遊び」で形から自分を変えてみる

自分をもっと大切にしたり、
愛してあげたりしても
いいんじゃないかな。

子どもやパートナー、親しい友だちなどには、「大切に思う」「愛する」ができても、自分にはなかなかできない人もいるものです。
「自分を大切に思う」「自分を愛する」ってことです。

人にはできても、自分に対しては難しい。そんな人もいるかもしれませんね。
そういう人は、まずは行動から始めてみてはどうでしょうか。
「形から入る」というやり方です。

まずは、「思えない」なら「行動」から入る。それをやることによって自分をだんだん大切に思えたり、愛せるようになったりしてくるのです。

たとえば、親しい友だちが一生懸命に仕事をしていると考えてみてください。
あなたは友だちに対して、どのような行動をとりますか？
「がんばっているね。えらいね」と声をかけます。
そっと温かいお茶を差し出したりするかもしれません。
それと同じ行動を、自分にしてあげるのです。

自分のことを「私、がんばっているね。えらいよ」と一人言で褒めてあげる。

そして、「ちょっとお茶でもどうかな」とお茶を入れて飲んでみる。


あるいは、大きな失敗をしてパートナーが落ち込んでいたとします。

「よくやったよ。時には失敗することもあるよ。大丈夫」と声をかけてあげたいと思ったとします。そっと抱きしめながら声をかけることもあるでしょう。

それと同じ行動を、自分で自分にしてあげます。

「よくやったね」「大丈夫だよ」と声をかけてあげる。そして自分で自分を抱きしめてあげる。


自分の子どもがとても悲しい出来事にあったとします。

「よしよし。悲しいね。つらいね」と声をかけてあげることでしょう。

背中をさすったり、頭をなでてあげるかもしれません。

自分の身に悲しいことがあったときにも、それをしてみてください。

「悲しいね。よしよし」と声をかけながら、自分で自分の体をさすったり、頭をなでてあげる。

このように、「自分の大事な人にしてあげたいことを、自分にもしてあげる」のです。

こうした「行動」を重ねることで、「自分を大切に思う」「自分を愛する」という感覚が身についてくるのではないでしょうか。

ポイント

大事な人にしてあげたいことを自分にする

何もしなくても「休むこと」、
それ自体も立派な予定です。
とりあえず「休み」をスケジュールに
入れてしまいましょう。

休養が足りてない人って、本当に多いと思います。

「睡眠時間足りてますか?」と聞かれて、「足りてます」って言える人はとても少ないのではないでしょうか。

第1章でもお伝えしましたが、「休みをとる」ってすごく大事なことです。

でも、「疲れたら休もう」と思っても、疲れに気づけないこともあります。

それに「休む」といっても、休めない人にとっては「今までとは違うことをする」わけですから、それなりにエネルギーも必要です。

「休みをとりたいけど、会社がとらせてくれないんです」

「休んだら、仕事がとんでもないことになります」

と言う人もよくいます。

自分がやらないと大変なことになると思い込んでいる人も多いです。


でも実際には、休んだところで、絶対なんとかなるんですよ。

会社は、一人休んだからって回らなくなるようになっていません。

もしもそうだとしたら、会社のシステムに問題があります。それは経営者が考えることであって、社員が考えなくたっていいんですよ。
ためしに私が明日反対側の電車に乗って勤務先をバックレたら、たしかに問題にはなるでしょう。でも勤務先の仕事は回っていきます。私の仕事は誰かがやるし、止まることはありません。

それでも「休めない」って人には、「とりあえず『休み』をスケジュールに組み込んでしまう」ってことをおすすめします。

そして「休み」をとってから、自分の「やりたいこと」や「心地いいと感じること」を考えてやってみる。
小さな「ミニ幸せ」でいいんです。

- お気に入りのバスアロマでゆっくり入浴する
- 新緑の山道をハイキングする
- マッサージに行って凝りをほぐす
- 読みたかった本を寝ころがって読む

ちなみにビジネスホテルに泊まるとテンションが上がるって人が一定数いますが、僕もけっこうそうですね。日常から離れた空間に行くと、頭がすっきりして活力が湧いてきます。

「休み方」は人それぞれでいいんです。誰のことも考えず、自分が思う「休み方」で休んでみる。

もちろん、「何もしない」でもOKですよ。何もしなくても「休むこと」それ自体も立派な予定です。

好きな「休み方」で過ごしてください。

ポイント

まず、「休む」を予定に入れる

「みんなと仲良く」なんて幻想です。
苦手な人とはどんどん距離をとろう。

学生時代、「みんなと仲良くしなさい」と言われたことがある人も多いかもしれませんね。

「みんなと仲良く」の呪縛にかかってる人って意外と多いものです。

わりとみなさん、嫌われることを極度に恐れたりするんですよね。

「ＬＩＮＥを無視されて、傷ついた」

「同僚が陰口を言っていたらしくて、悲しい」

こんな悩みをよく聞きますが、冷静に考えてみてください。

ＬＩＮＥを無視する人に好かれてうれしいでしょうか？

陰口を言う人と仲良くなりたいですか？

あるいは、こう想像してみてください。

自分の「理想の人生」を想像したとき、そこに無視する人や陰口を言う人は登場していますか？

登場していなければ、その人はあなたの人生に勝手に映り込んできた「ただのエキストラ」です。だとしたら、現実世界にも登場させなくてOKです。

「理想の人生」「幸せな世界」に登場する大事な人ってほんの一握りで、あとはエキストラ、モブ、外野です。

世界の人口は80億人を突破したといわれていますが、そのほとんどがモブです。モブの言動に心を痛めずに、本当に大事な人を大事にしたいですね。

「みんなと仲良く」なんてできません。
そんなの幻想です。
だから苦手な人とはどんどん距離をとってください。

この距離は、心理的な距離だけでなく、本当に物理的な距離をとってみるのもいいかもしれません。

たとえば、次のような行動です。

・SNSで表示しない設定にしてみる
・視界に入ったら、すっと視線をはずす
・なるべく会わないように行動してみる

すると、「あ、仲良くしなくても意外と大丈夫だ」と思えたりします。
嫌なことをする人や苦手な人とは無理して仲良くしなくてもいいんですよ。

ポイント

嫌な人、苦手な人からは距離をとる

誰にも誇らない人生を生きたっていい。
ただ、うっかり「幸せだなぁ」って
感じる瞬間だけを
大切にしちゃってても全然いいんです。

幸せって、日々の「ミニ幸せ」の集合体だと思うんですよね。毎日の「うれしい」「気持ちいい」「楽しい」が集まって、ふんわり幸せになっていく。

もちろん幸せの定義は人それぞれですが、「大きなものを手に入れないと幸せになれない」「成功しないと幸せになれない」みたいに、今の自分とかけ離れたところに設定する人も多いです。

「誰かに誇れるような人生を」という話をする人が多くいます。

でも人って、ほっといたら勝手に寿命まで生きているので、別に、ただ生きることに、そんなに何か特別な意味をもたせなくてもいいとも思うんです。

受動的に生きたっていい。

大きなものを手に入れたり、成功しなくていい。

誰にも誇らない人生を生きたっていいんです。

ただ、うっかり「幸せだなぁ」って感じる瞬間だけを大切にしちゃってても全然いいんです。

「がんばってこれをクリアしたら、幸せになれる」なんて思ってクリアしたら、もっとがんばらなきゃいけないハードルが見えてきたりするものです。

次々と出てくるハードルを越えるためにがんばり続けてつぶれちゃったら、リカバリーが大変です。

どこかでラインを決めておかないと、ずるずるがんばっちゃう。

でも、ずっとがんばり続けていくことなんてできません。

しんどい、疲れたと思ったらすぐ撤退して、ふわふわ「ミニ幸せ」を集めたほうがいいです。

ちなみに、「ミニ幸せ」がなかなか集められないなら、「ミニ不幸」を手放してみるのもおすすめです。

「ミニ不幸」は、自分が「嫌だな」「なんとなく不快」と感じることです。

・気乗りのしない誘いは断る
・ソリの合わない人とは距離をとる

・面倒な作業は後回し
・シミだらけの服を捨てる

こんなふうに、「嫌だ」「なんとなく不快」と思うことを手放すことでも、案外「幸せ」になれると思いますよ。

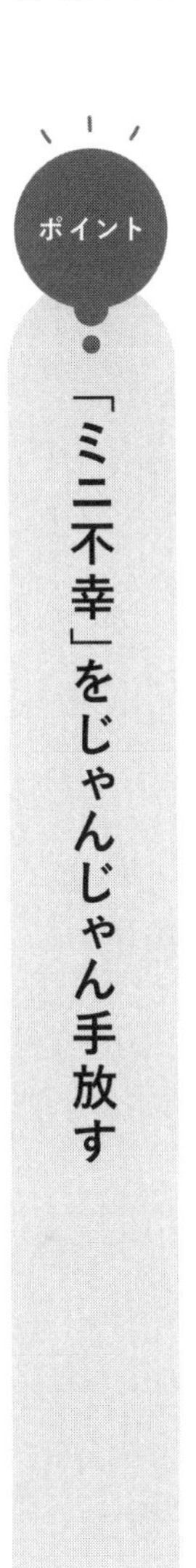

第4章

無理せず
がんばりすぎない
「人間関係」のヒント

どれだけ考えて話しても、
誤解のないように行動しても、
結局、相手は見たいようにしか見ない。
なら、好きに動いたらいい。

第2、3章は「自分を知る」「自分なりの幸せを考える」という内容でした。

自分らしく幸せに生きるためには、「自分が何を幸せに思っているか」を自分で理解することがとても大切だからです。

でも自分を知って、無理せずがんばりすぎず、自分なりの幸せを大切にして生きていこうと思っても、邪魔してくる人、心を乱してくる人がいます。

やっぱり悩みの種って人がもってくるところがあります。

この第4章では、幸せに生きるために知っておいてほしい「人間関係」のヒントについてお話しできたらと思います。

「いい人」になろうと思わなくても、習慣でついつい「いい人」でいてしまうってこと、ありませんか？

「めんどくさいけど、LINEを早く返さなきゃ」

「今週疲れてるけど、友だちの誘いには乗らないと」

そんなふうに、なんとなく無理して人に合わせようとしてしまうと、「幸せ感」はどんどん減っていきます。

そもそも、どんなにいい人であろうとしても、誰かにとっては嫌な人なんです。

たとえば、Aさんにいい人でいようとしたら、Aさんと仲の悪いBさんからは「あの人、こびてる」みたいな目で見られるかもしれません。

だからといって、いい人をやめて嫌な人になっても、シンプルに嫌われるのがオチです。

いい人として生きようとしても何かを失うし、嫌な人として生きようとしても何か失う。

だったら、人からどう思われたいかではなく、失いたくないものは何かで選ぶといいです。

恋人でも家族でも親友でも、あるいは仕事でも、「これだけは失いたくない」というものを決めて、その中でどう生きるかを考えると、自分の軸が定まってくると思います。

もちろんそうすることで、いい人ではいられないシーンも出てくるでしょう。

家族を守るために、会社から早く帰らなきゃいけないとか。

でも、それはそれでしかたないなと思います。

みんなにとっていい人で生きようとすると、大事なものを落とします。自分自身を追い込んでしまうとか。

大事なものを最優先で動いたほうがいい。

大事ではない人のためにがんばるのは身がもちません。


そもそもあなたがどれだけ考えて話しても、誤解のないように行動しても、結局、相手は見たいようにしか見ないので、好きに動いたらいい。


大事な人を守り、ありのままの自分で生きていく。

逆にそんな人に好感が集まることだってあると思います。

ポイント

大事なものを決めて、優先する

他人に嫉妬したり、
うらやましくなったりするのって、
「単に暇だから」ってパターンが
けっこう多いんですよ。

わざわざ嫌なことを言ってくる人っていますよね。あるいは、「それってどうかと思う」などと、人の人生に正論をぶつけて批判してきたり。

避けようと思っても、ときどき出会ってしまうこともあります。

嫌なことを言われたら、嫌なことを言う側の人生じゃなくてよかったな、と思いましょう。

他人がわざわざ言ってくる文句やぶつけてくる批判って、だいたい遠回しな「うらやましい」だったりするんですよね。

もちろん、「うらやましい」って気持ちは誰もが多かれ少なかれもつものだと思います。

たとえば、知り合いがSNSで結婚や妊娠、昇進など幸せや成功を報告したとき、「おめでとう！」とコメントを書きつつ、もやっとすることはありませんか？

婚活や妊活、仕事がうまくいってない人がハッピーな報告を見ると、つらくなることもあるかもしれません。

逆に、自分がめちゃくちゃ満たされてるときって、あまり気にならないものです。

つまり、ネガティブな感情って、自分側のコンディションの問題だったりもするんです。

もし、あなたの中でネガティブな感情が湧いたら、「自分のコンディションは大丈夫かな」と疑ってみるのもいいと思います。

そして、「ちょっと調子悪いかも」と感じたら、自分の心や体をきちんとケアしてあげましょう。それだけでも、ラクになります。


あと、他人に嫉妬したり、うらやましくなったりするのって、「単に暇だから」ってパターンがけっこう多いんですよ。


やりたいことを書き出してできるところからトライしてみて、自分の「好き」や「やりたいこと」で自分を暇じゃなくさせる。

そうこうしているうちに、自分の人生が充実してきて、嫉妬心も自然に消えていくと思います。

それでも消えない場合は、「昇華」がおすすめです。「昇華」という言葉は、「悲しみを作品に昇華させる」といったように使うことがあるかもしれませんね。

「防衛機制」という心理メカニズムの一つに「昇華」というのがあります。

社会的には認めがたい攻撃的な欲求や排他的な思想などを、より高度な、社会に認められる別の形で満たすことをいいます。

たとえば、誰かに強い嫉妬心をもってしまったときは、その嫉妬心をバネにしてしまいましょう。トレーニングしてもっとキレイになろうとか、勉強して実績を積んで仕事で結果を出そうといったモチベーションに変えるといいんです。

ポイント

嫉妬心はステップアップのバネにする

あなたが責任おって生きている
あなたの人生なんだから、
「勝手にコメンテーター」の言葉なんて
真に受けることはありません。

人の人生に口を出しがちな人っていますよね。


「休日に何もしないの？　外に出て体を動かしたり、人に会ったほうがいいよ」

「冷凍食品ばかりだとかわいそうよ。ちゃんと子どもには手をかけてあげなきゃ」

「会社辞めてどうするの？　不満ばかり言ってちゃどこ行っても通用しないよ」


こういう人たちって、たぶん言っている本人は何も考えていません。自分の思い込みを、遠くからぽいっと投げてくるだけです。無責任に言っているだけ。

だから、真に受けることはありません。


あなたが責任おって生きている人生です。

責任もたない他人の言葉に惑わされる必要はまったくないんですよ。


だって相手はあなたの人生のことを何も知らないじゃないですか。

全部を教えているわけではないでしょう。

僕は、人の人生の一部を抜き取って勝手に批判してくる人を「勝手にコメンテーター」と呼んでいます。

意見を求めていないのに、勝手にコメントしてくるわけですから。

とくにネットには「勝手にコメンテーター」があふれています。

たとえば、昔はよくお父さんがテレビの前でボクシングの試合を観ながら「俺のほうが強い」とか適当にヤジを飛ばしてましたよね。

勝手にコメンテーターって、あれがネットに流れて、多くの人の目にとまるようになったみたいなものです。

あまり気にしてもしょうがないかなと思います。

とはいえ、全然気にしないって無理ですよね。

そんなときは、自分の生き方を確認するために使えばいいと思います。

「走るのが遅い」とバカにされたら、「ゆっくり見たい景色があるんだ」と言えばいい。「なんで弱いんだ」と問われたら、「他人を傷つけない生き方をしたいから」と答えればいい。

人それぞれゴールも、そこに行くプロセスも違います。

「休日に何もしないなんてありえない」と思う人もいれば、「ダラダラして何もしないなんて最高！」と思う人もいます。

「手作りのごはんをつくりたい」人もいれば、「時には冷凍食品とかお惣菜を使って手を抜いて、そのぶん子どもとゆっくり遊びたい」人もいるでしょう。

自分の目指す生き方がはっきりしていれば、他人の言葉に惑わされずにすみますよ。

理想のゴールやプロセスの違う人から「その道は間違ってるよ」と言われても、「自分はこっちに行く」と決めていれば大丈夫です。

ポイント

勝手にコメントしてくる人の言葉は受け流す

しんどさは、比べるもんじゃないし、
比べられるもんじゃない。

「会社ですごい嫌な人がいて。もう本当にしんどい」

「この間、大切なペットの猫が死んじゃって……つらい」

「子ども産んだら、仕事も家庭もやることいっぱいでめちゃくちゃ大変」

　このように、自分のつらさやしんどさ、悩みを話したとします。


　しかし、世の中にはこんなふうに返してくる人がいます。

「その程度の人はまだましよ。もっと嫌な人いっぱいいるよ。うちの会社の上司のほうがもっと大変なんだから」

「悲しいのはわかるけど、ペットくらいでつらいなんて言っちゃダメよ。親や子どもが死んだわけじゃあるまいし」

「子ども1人なんだから、まだまだ余裕よ。2人目産んだらもっと大変よ。私の姉なんて3人いるから、すっごくハードみたい」

　言っている本人には悪気はないのかもしれません。


でもね、他人のつらさを勝手に推し量り、「つらさマウント」とるのは禁止です。

つらさやしんどさは比べるものではないし、比べられるものでもありません。

あなたにはあなたのつらさがあっていいのです。

あなたのそのつらさや、しんどさを、誰かと比べて我慢する必要はないのです。


もちろん当たり前ですが、世の中にはもっとひどい状態の人や厳しい環境があるのは事実です。

でもだからといって、「あなたのつらさ」を比べて「まだましだから、つらいなんて言っちゃダメ」というのは違います。

あと、よく名言として紹介される言葉に、

「あなたがムダに過ごした今日は、誰かが死ぬほど生きたかった明日」

というものがあります。

「今日を一生懸命生きよう」という意味なのはわかりますが、でも「私がムダにした一日」と「誰かが強く望んだ一日」を比べなくてもいいのにな、とも思います。

あなたがムダに過ごした今日は、誰かが死ぬほど生きたかった明日ではありません。あなた自身が生き延びた今日を、誰かに恥じる必要はないのです。

あなたの気持ちは、他人と比べる必要はなく、あなただけのものです。つらい気持ちも、しんどい気持ちも、悲しい気持ちも、誰かと比べて我慢したり、「こんなことくらいで」と耐えなくてもいいんですよ。

ポイント

あなたのつらさ、しんどさを我慢しなくていい

一緒にいて「私ってダメな人間だな」
「苦しいな」と感じる人っています。
距離を置いてもいいんですよ。

一緒にいるとどうしても苦しくなってしまう人っていませんか？

一緒にいて「苦しいな」「自分はダメだな」と思ったら、すっと離れていいんですよ。みんなと仲良くしなきゃいけないなんてルールはありませんから。


「あなたがきちんと考えて行動しないから、私がしんどいのよ」

「あのとき君がちゃんとやってくれたら、こんなことにならなかったのに」

「お前がしっかりしてないから、こっちがいつも苦労する」

こんなフレーズをあなたに言ってくる人がいたとします。「あなたが〜だから」とあなたが悪いかのように発言してくる人です。

ひょっとしたら「罪悪感で他人を支配しようとする人」かもしれません。

とはいえ、なかなか離れられなかったりするんですよね。

「なんとなく居心地は悪いけど、決定的なトラブルはないし」なんて、離れることにも罪悪感をもってしまったりして。

離れるタイミングを逸してしまいがちです。

でも、「罪悪感」を利用してあなたを支配しようとする人からは、すぐに離れましょう。あなたの幸せはそこにはありません。


「罪悪感で支配する」という人間関係のパターンがあることを知ってください。

「これってひょっとして『罪悪感の支配』かもしれない」と気づくことで離れやすくなると思います。


「罪悪感での支配」は、たとえば組織の中でも横行しています。

「お前が目標を達成しないから、死ぬほど残業するのは当たり前だ」

みたいなパワハラ上司もいたりします。「目標を達成してない」という「罪悪感」を刺激されると、「そうしなければ」と思ってしまうこともあると思います。

DVなどにもそういう側面があります。

「お前がちゃんとしてないから、俺がこんなに怒ってるんだ」

なんて罪悪感で縛ってくるパターン。あきらかにモラハラなパートナーなのに別れられないのは、「自分がダメなんだ」と思わされていることも影響します。

いわゆる毒親育ちといわれている人たちも心当たりがあるのではないでしょうか。

「あなたがダメな子だから、私が厳しくするのよ」

「あなたのためを思って、言ってあげてるんじゃない」

というように「あなたのため」なんていう人も「罪悪感での支配」といえるかもしれません。


こんなふうに、あらゆるところに「罪悪感での支配」は存在します。

「罪悪感を感じさせて支配してくる人」からは、サッと逃げていいんですよ。苦しくなったら自分を優先して、どんどん離れてしまってください。

ポイント

苦しくなってしまう人からは離れる

どうしても許せない人がいる？
あなたを不幸にした人への一番の仕返しは、
あなたが幸せになることです。

「あの人がどうしても許せない」

「私を不幸にした人に復讐したい」

「元彼への怒りがおさまらない」

そんなふうに「許せない誰か」にとらわれて苦しんでいる人もいます。

その人のことは忘れたほうがいいとわかっていても、ずっとその思いにとらわれて、むしろそれを言い訳にしていつまでも幸せにならなかったり。そんな人に伝えたい言葉があります。


あなたを不幸にした人への一番の仕返しは、あなたが幸せになることです。


相手をうらみ、苦しんでいる間は、あなたは不幸なままです。もしも相手があなたの不幸を願っているとしたら、それでは相手の思うつぼじゃないですか。

相手のことはすっぱり忘れて、自分がハッピーでいることで相手の思惑をぶち壊せるなら、それが一番いいですよね。

どうせなら、自分が幸せになることで「許せない人」に復讐しちゃいましょう。

そもそも相手をうらんでる時間なんてもったいないです。


「時間」は、すなわち「命」です。

許せない人のためにあなたの大切な命をムダにしないでください。


ただ、もしも「許したい」と思うのなら、「まあ世の中にはいろんな人がいるよなー」とちょっと俯瞰(ふかん)してみるといいと思います。

世界には80億人もの人がいて、みんな違う文化や価値観、経験や性質をもっている、目の前にいる人は自分と同じ人間ではなくて、80億人の中の一人なんだ……そんな感覚です。


あなたの「許せない人」はあなたの予想を裏切ったからこそ、よりいっそう怒りが湧いてくるのかもしれません。

人間は予想外のことを急にされると、イラッとしたり、動揺したりする生き物です。

だとしたら、あらゆることを予想しておいたほうが心は穏やかです。

「かもしれない運転」ってあるじゃないですか。起こりうる危険を、あらかじめ予測しながら運転することで、事故を防ぐ方法です。

それと同じように、「相手は自分とは全然違っていて、驚くようなことをする『かもしれない』」と想像してみると、ちょっと気持ちが落ち着いてきませんか？

「裏切るかもしれない」「嘘つくかもしれない」「浮気するかもしれない」「遅刻するかもしれない」……そんなふうに、人間関係においても「かもしれない運転」をすることで、傷ついたり、悲しんだりすることが減るかもしれませんね。

ポイント

人の言動を「かもしれない」と予測しておく

好かれたい人に好かれる技術より、
嫌われたい人に
上手に嫌われる技術のほうが
人生には重要な気がします。

「人から嫌われたくない」とたいていの人は思います。

でも、好かれたい人に好かれる技術より、嫌われたい人に上手に嫌われる技術のほうが人生には重要な気がします。

ややこしい人に嫌われると、攻撃を受けたりするじゃないですか。だからといって嫌いな人に嫌われないまま振り回され続けるのもしんどいですし。

もしも人間関係につまずいたら、「嫌われ上手」になりましょう。

そのためには「その人に嫌われても悲しくない」という考え方をちゃんともつことが大切です。

「嫌いな人に嫌われてハッピー」くらいのマインドをもちたいですね。

だいたい他人を攻撃するなんて、その時点でろくな人じゃない。それにそういう人って、たぶん、嫌われないように過ごしてても、粗を見つけて悪口言ってきたりするし、たとえば嫌われないように努力したところで、その努力を絶対見てはくれなかったりします。

だから、そんな人に時間を使うだけムダですよねっていう感じです。

そんな嫌な人の言動に振り回されるのはもったいないですよね。


そもそも「嫌われたくない」と思うのは思考グセのようなものです。

「なぜ、嫌われたくないのか？」

「嫌われたら、どうなるのか？」

「嫌われてもいい人ってどんな人か？」

などを考えてみて、自分の認知を疑ってみてください。第2章でもお伝えしましたが、紙に書き出して考えてみるのもいいでしょう。

「あ、別に嫌われてもいいかも」って思うのではないでしょうか。


あと、嫌いな人を「見返してやる」とか「仕返ししたい」という人もときどきいます。でもね、そんなことのためにあなたの貴重な時間を割くのはもったいないです。

一瞬でもそんな人のために生きるのは、やめちゃいましょう。

基本的に、多くの人は相手にしなければ勝手に嫌って離れていきます。

「嫌われ上手」になって、つき合いたい人とだけつき合うのが「自分なりの幸せ」であり、無理せずがんばりすぎない人間関係のポイントだと思います。

ポイント

「嫌われ上手」を目指そう

「コミュ力」を鍛えたかったら、
「しゃべる練習」より
「よけいなことをしゃべらない練習」
のほうが100倍大事。

「自分なりの幸せ」を大切にして生きるには、人から離れることも必要ですが、やっぱり人とつながることも大事です。

よく「自分にはコミュ力がないのですが、どうやってしゃべったらいいですか？」と聞かれますが、コミュニケーション力って何も面白いことを言ったりするだけじゃないんです。

「コミュ力鍛えたい」と思ってる人みんなに知っておいてほしいことがあります。

相手を満足させるためには、しゃべる練習より、よけいなことをしゃべらない練習のほうが１００倍大事だったりします。

基本的にみんな「自分のことを話したい」ものです。

たとえば、飲み会に行くと自分の話をしたい人ばかりじゃないですか？

聞いてるぶんには嫌がられたりしないでしょう。

とにかく「聞き上手」になるのが「コミュ力」を鍛える近道だと僕は思っています。

「何か話さなきゃ」と思ったら、あえて黙って相手の話に耳を傾けてください。

このとき「それは違うんじゃないかな」とか「よくない考え方かも」など「いい・悪い」をジャッジしないで聞くことがポイントです。


自分の意見や考えを、いったん置いておく。


まず、相手の言うことを受け止める。

そのスタンスで聞いているうちに、相手はあなたに好感をもってくれると思います。


あと、僕が人間関係で大事だなぁって思うことの一つに「ユーモア」があります。

ユーモアっていうのは、「上手に使いこなせるのが大人だ」といわれたりします。

強い不安を抱えたときや、落ち込んだとき、プレッシャーのかかったときなど、ネガティブな感情を「ユーモア」でくるんでみるのもいいかもしれませんね。

僕の好きな本に『あやうく一生懸命生きるところだった』(ハ・ワン著/ダイヤモンド社)っていう本があります。この本のタイトルなんかもユーモアがありますよね。

「一生懸命生きなくてよかった」ってことだと思うんですが、こう書くより、思わずクスッと笑って「そうそう!」となる人が多いのではないでしょうか。

攻撃をさらりとかわして伝えることも「ユーモア」ですね。

ソフトバンクグループの会長・孫正義さんが、「Twitter上で自身の頭髪のことについて揶揄（やゆ）してきたツイートに対し、

「髪の毛が後退しているのではない。私が前進しているのである」

と切り返したそうです。

この発言も、前向きでクスッと笑えるユーモアだなと思います。

「ユーモア」って要は「笑い」です。

会話や日々の暮らしにユーモアをもてるようになると、人間関係が豊かになるんじゃないかなぁって気がしています。

ポイント

「話す」より「聞く」を練習する

「がんばり屋」から「頼り上手」へ
ジョブチェンジしてしまおう。
これも一つの立派な生存戦略なんです。

ついがんばりすぎちゃう人、なかなか幸せになれない人って「頼り下手」な人が多い気がします。

「頼って拒否されたら傷ついてしまうから」
「甘えて嫌われたら悲しいから」
「単純に人に頼ってはダメだと思い込んでるから」

そんなふうに思っているのかもしれません。どれもよくわかります。

ただ、一人の人にどっぷり依存するのでなければ、頼って感謝することも、甘えて喜ぶことも素晴らしいコミュニケーションだと思います。

それに、時間をかけてスキルを習得するより、頼れるところは頼ったほうがラクに良い結果が出るでしょう。

「がんばり屋」から「頼り上手」へのジョブチェンジって、一つの立派な生存戦略なんです。

むしろ頼ったほうがうまくいくことのほうが本当に多いです。

「すぐ『助けて』って言うのは甘えだ」「すべて自己責任だ」「一人でがんばるのが美

徳」みたいな風潮もあるとは思いますが、私は声を大にして言いたいですね。

「助けて」って言っていいんです。

むしろ生き延びるためにすごく重要なことなんです。

「『助けて』って言って、断られたらショック」と思うかもしれませんが、困ったときに助けてくれない人と関係を続けたいでしょうか？

関係を続けなくてもいい人がわかって、むしろラッキーともいえます。

そんな人は置いておいて、助けてくれる人との関係を大事にしたほうがよっぽどいいでしょう。

仕事においても、助けを求めるって必要なことです。

一人でがんばった結果、結局できなくてつぶれちゃうことって多いですが、そうするとまわりがフォローに奔走したりします。「もっと早く言ってくれたら、最初から手伝えたのに」みたいなことってたくさんありますよね。

ここでのポイントは「言ってくれないと手伝えない」ということです。

黙っていては、誰も助けてはくれません。多くの人は思ったほど他人のことは気にしていないんです。

だから堂々と「助け」をとりにいかないといけません。

それが相手にとってもうれしいことだったりします。

あなたともっと親しくなりたい人が「頼ってほしいな」「甘えてほしいな」と思ってるパターンも多いと思います。

逆を考えてみてください。

友だちが困っていたら、頼ってほしくないですか？

「頼り上手」へのジョブチェンジ、トライしてみてくださいね。

ポイント

「助けて」って言っていい

セルフラブができるようになると、
人生イージーモードになるんです。
どうせ生きるなら、
イージーモードで生きましょうよ。

人間関係の中でもパートナーとの関係って、最も近しい関係の一つなので難しいものがあるなぁって思います。

相手の気持ちがわからなくて、ひどく不安になってしまったり。

ちょっとしたことで言い争ってしまったり。

相手を束縛しすぎたり、いちいち干渉してしまったり。

それにはいろんな理由があるとは思います。

ただ、「パートナーに愛されていないかもしれない」という不安があることが原因のパターンが多かったりします。


そもそも、「私は愛される価値がある」と思って生きているか、「どうせ私なんて愛されない」と思って生きているか。

どちらのスタンスで生きているかで、世の中の見え方は全然違ってきます。

ここまで何度かお伝えしてきましたが、これも悪いとらえ方のクセの一つです。

「どうせ私なんて愛されない」というとらえ方のクセがあれば、彼のどんな行動も「だから私って愛されてないんだ」と受け取ってしまいがちです。

本当は忙しくてＬＩＮＥができないだけなのに「私のこと嫌いだから、返信が遅いんでしょう」なんてなったりします。

一方で、「私は愛される」という自信があれば、「仕事忙しいって言ってたもんね」「もう寝ちゃったのかもな」と優しく相手の事情を考えてあげることができると思います。

この「愛される価値がある」という感覚は、「自分で自分を愛している」というセルフラブの感覚につながっています。

セルフラブとは、第１章でもお伝えしましたが、「自分を愛する」「自分を慈しむ」「自分を許す」「自分を認める」のような感覚であり、「自己受容」とも近い感覚です。

セルフラブは、「これができるから」とか「優れているから」もつことができるものではなく、「何もできない赤ちゃんを愛する親のように根源的な受容」です。

あれもできない、これもできない、でもそんな自分でいい。
ただ、今ここにいる、ありのままの自分を愛する。

このセルフラブの感覚をもつことが、大切な人との人間関係においても、とても重要なのです。
そう、「自分の価値」を十分に信じられるようになると、セルフラブができるようになり、「私ってこんなに素晴らしいわけだから愛されるでしょ」って、人生イージーモードになるんですよ。

どうせ生きるなら、イージーモードで生きましょうよ。

そのほうがゆるゆる楽しく、でもしっかり幸せに生きられるんですよ。

ポイント

あれもできない、これもできない、でもそんな自分でいい

第5章

うかつに幸せに
なってしまっても
いいんじゃないかな

完璧じゃないし、
たいしたことないし、
失敗もするし、みっともない。
でも、それでいい。

第5章では、無理せずがんばりすぎず自分なりの幸せを大切にして生きていくため、毎日の生活で小さな幸せを拾って生きるための「メンタル」のコツをお話ししていきたいと思います。

「幸せ」って大げさなものではなく、さりげない、ささやかなものでもよくって。だから、もっとみなさん、うかつに幸せになってしまってもいいんじゃないかな、って思っています。


コツはいろいろありますが、その一つが「期待しないこと」です。

落ち込んだり、イライラしたり、メンタルがゆれるときって、「期待はずれ」がからんでいることが多いです。

「私、もっとできるはずなのに」

「がんばれるはずなのに、がんばれなかった……」

「こんなミスするなんて、自分が許せない」

これって「できる私」「がんばれる私」「ミスしない私」という勝手にかけてしまった自分の期待が裏切られたから生まれる感情だったりします。

自分に期待しすぎちゃダメです。そんな完璧じゃないし、たいしたことないし、失敗もするし、みっともない。でもそれでいいんです。

というのも、自分に期待しすぎて、自分の首を絞めている人がめちゃくちゃ多いんですよね。期待って「べき思考」につながりがちなんです。

「自分はこうあるべき」「こういうことをすべき」「他人からこう見られるべき」……そんな「べき思考」を自分に押しつけてしまうと、すごく苦しいですよ。

そんなに肩に力を入れすぎなくていいし、そんなに自分を過大評価しなくていい。「たいしたものにならなきゃ」とか「誇れる自分でいなきゃ」なんて思わなくて大丈夫です。

それと、自分だけじゃなくて、他人にも期待しすぎないようにしたいですね。

他人に最初からあまり期待しないことが、心穏やかに過ごす一番の方法です。

そもそもどんなに期待したところで、他人を変えることはできません。他人に自分の「べき」を押しつけても、結局は人を不快にさせてしまったりします。

「あなたはこうすべき」ではなく、「あなたにこういうことをしてあげたい」などの一見思いやりにみえるような行動も、実はちょっと注意してほしいです。

この「思いやり」も、相手に対して勝手にもってしまっている「自分の期待」だったりします。

「何をしてほしいか」は、本来相手が決めること。そんな相手の考えを「自分が想像つくもの」として勝手に扱ってますから、「相手の領域」に立ち入っていることになります。

相手の人生を尊重してるようで、むしろ尊重してないんですよ。

自分や他人に「期待」を押しつけないで、ありのままの自分、ありのままの相手とのんびり向き合えたらいいですよね。

ポイント

自分にも他人にも期待しすぎない

「甘えていいんだ」ということを知ろう。
もっと「助けて」「無理！」と言っていい。

「生きるのがしんどい」という人は、甘え下手な人が多いです。

「甘えるキャラじゃないし」
「どう甘えていいかわからない」
「『助けて』って言って断られたらつらい」

理由はさまざまですが、つらくても人に甘えられず、「助けて」と言えずにますますしんどくなる人が多いと思います。

まずは「自分は甘えていいんだ」と知ってほしいです。

「助けて」って言える相手がいるだけで、しんどさってかなり軽減されると思うんですよね。

でも「助けて」って言って甘えるのはすごく勇気がいります。

ここで、もう少し甘え上手になるための三つのステップをお伝えしましょう。

ステップ1　自分が完璧じゃないことを受け入れる

「なんでも一人でできる」と思い込んでると、できないときに苦しくなります。でも、人って圧倒的に一人じゃ生きられないんですよ。

たとえば朝、ゴミ出ししたら、それを集めてくれる人がいます。通勤電車を運転してくれる人もいるし、出勤して働いたら、その時間分のお給料を計算して振り込んでくれる人もいます。

世界は「一人でできないことばかり」なんです。「自分は何でもできる人じゃない」ってことをちゃんと認めてほしいです。

そうすると、「助けを求めていい」ということが腑に落ちるのではないでしょうか。

ステップ2「助けて」と言える相手をリストアップする

では「誰に助けを求めたらいいのだろう」となったとき、自分が関わってる人たちをある程度ちゃんと把握したほうがいいかもしれません。

まず、紙を用意して三重の丸を書いてみてください。

中心の円には身近な人の名前を書いてみましょう。たとえば、家族や恋人、親友。困ったときにはこころよく助けてくれそうな人です。

二番目の円にはそこそこ親しい人を書きます。友人や幼なじみ、仲の良い同僚や優しい上司、もしかしたら昔の恋人も入るかもしれませんね。

彼らは負担のない範囲でちょっとくらいは手助けしてくれるでしょう。

それ以外の人は一番外側の円に書いておきます。ここに書いた人たちはあまり助けを期待できないグループです。


書き出してみると、頼りになりそうな人って案外いるもんです。

実際に甘えるかどうかは別にして、そう気づくだけでも心が軽くなると思います。

ステップ3　誰か一人に重心をかけすぎない

甘えることが相手の負担になってしまうのは、「誰か一人に依存する」からだったりします。

だったら、人間関係のドーナツの中心とそのまわりの複数の人々に「小分け」にして甘えればいいのです。

「甘えるときは、一人ではなく、いろんな人に甘えればいい」は大事なポイントですよ。

さて、この3つのステップを読んでみて、いかがでしたか。

「助けて」って言える人、甘えられる人がいるだけで、しんどさが少し減ってくると思いませんか？

甘えていいし、頼っていいし、「助けて」って言ってもいいんですよ。

ポイント

いろんな人に甘えていい

三重丸を書いて「助けて」リストをつくる

それ以外の人

そこそこ親しい人

身近な人

幸せは期待するものではなく、
覚悟するものです。
「自分で幸せをとりにいく」
と自分で決めちゃってください。

「『自分の幸せ』は期待しないほうがいいです」と僕は言うことがあります。

こう言うと、「『自分の幸せ』を期待しなかったら、幸せになれなくないですか？」という声が返ってきたりします。

でもね、あまり期待しすぎると、「幸せになれなかったらどうしよう」という不安が浮かんでくることもあるのです。


幸せは「期待するもの」ではなく、「覚悟するもの」です。


幸せになるパターンって一つではありませんよね。無数にあります。

「好きな音楽の道に進んで幸せになりたい」と思っていて、たとえ音楽の道に進めなかったからといって、幸せになれないわけではありません。

「今の彼と結婚して幸せになりたい」と思っていて、たとえ破局してしまっても、幸せになれないわけではありません。

望みの道に進めなくても、今の幸せを失っても、幸せになる手段はたくさんあるのです。

そして、あなたには幸せになる権利があります。

だから「私はもっと幸せになれる。自分で幸せをとりにいく」と自分で決めちゃってください。

「幸せをとりにいく」と覚悟をもつのです。

「幸せになりたい」と期待するのではなく「私は幸せになる」と決めると、一つの道がダメでも、別の幸せになれそうな道を探します。

この方法が失敗したらあの方法でやってみようと、幸せになる方法を考えます。

自分で決めて覚悟をもてば、自分なりに自分を幸せにする方法を考えて行動していけると思います。

すると、「私なんかが幸せになっていいの?」なんていう思い込みも消えていきますし、「幸せになれなかったらどうしよう」という不安も小さくなっていきます。

幸せにかぎらず、自分で決めることってすごく大事です。

「大事にしたい」ではなく「大事にすると決める」

「休みたい」ではなく「休みをとると決める」

このように、なりたい自分を「決める」ことで、自分から主体的に動くことができます。

なりたい自分があったら、「そうなる」と自分で決めていいのです。


「ありのままの自分を受け入れると決める」

「自分の心と体を大事にすると決める」

「疲れたなと思ったら多少無理しても休むと決める」


「期待する」のではなく、「自分で決める」ことを大事にしてみてください。

ポイント

「なりたい自分」は自分で決めていい

嫌な気持ちって、
誰かがポンと消してはくれません。
だから、面倒だけど
自分で向き合うしかないんですよね。

「あの人、ムカつく」とか「あんなこと言われて不愉快」といったように、怒りや不満などネガティブな気持ちが湧くと、幸せどころじゃなくなりますよね。

でも、嫌な気持ちって、誰かがポンと消してはくれません。
だから、面倒だけど自分で向き合うしかないんですよね。

もしもイライラ・モヤモヤが止まらなかったら、書き出して整理してみませんか?

ステップ1　イライラ・モヤモヤの原因を書き出す

たとえば、家に帰ってきてなんかイライラ・モヤモヤするとき、その原因かもしれないことを書き出していきます。

「仕事がやってもやっても終わらない」「上司の指示が意味不明」「子どもが言うことをきかない」「SNSでダラダラ愚痴を言う友人がイヤ」「疲れているのに、家族がよけいな家事を増やしてくる」など、なんでもいいので、素直に書き出します。

ステップ2　割合を書いてみる

それぞれイライラ・モヤモヤの何割くらいを占めているか書いてみます。

たとえば、仕事（3割）、家族（4割）、体調（2割）、SNS（1割）というふうに、だいたいでいいので数値化していくと状況が整理されます。

ステップ3　具体策を考えてみる

あとはそれぞれ、対処できるかできないかに分けていきます。また、対処できるものについては具体的に対応策を考えてみましょう。

・仕事が終わらない→スケジュールを仕切り直し、小分けにしてやる
・子どもが言うことをきかない→理由を考える。子どもは親の思いどおりにならないことも受け入れる
・SNSで愚痴を言う友人→SNSを少しお休みする。友人の投稿をミュートにする
・疲れているのに、家族がよけいな家事を増やす→家事の手を抜く。家族は気づい

てないかもしれないので素直に「手伝って」と頼ったり、「しんどい」ということを伝えてみる。休む。体をいたわる

いかがでしょう?
こんなふうに具体的に考えていったほうが、イライラ・モヤモヤが減っていくような気がしませんか?

嫌な気持ちの扱い方って難しいところがあると思います。
でも、自分のできる範囲で自分でなんとかできたら、生きやすくなりますよ。

ポイント

嫌な気持ちは、書き出して具体策を考える

不安は、未知な部分が多いと
湧いてくる感情。
小さな不安は、気にしすぎる必要はない。

不安もやっかいな感情ですよね。ひと言で不安といっても、「将来の漠然とした不安」から「家の鍵閉めたっけ？」みたいな小さな不安もあります。

まず小さな不安ですが「気にしすぎる必要はない」と言いたいです。

小さな不安を気にしていると、それが「とらわれ」になっちゃうんですよね。

たとえば、「家の鍵閉めたっけ？」と不安になって家に戻るくらい、誰もが経験あるでしょう。それが、毎日、何回も家に戻るようになってしまったら、ある種の強迫観念となり、治療が必要なこともあります。

でも、「家の鍵閉めたっけ？」と一回家に戻るくらいは、気にしすぎる必要はありません。「私っておかしいのかも」なんて思い始めると気になってしまいますから、「誰でもあるよね～」くらいですますことが肝心です。

ただ、「将来の漠然とした不安」みたいな大きなものは、「気にしない」ではすまないかもしれません。

まず知っておいてほしいのは、「不安は未知な部分が多いと湧いてくる感情だ」ということです。

たとえば、「新しい職場に行くのが不安」だったとしましょう。

「上司とソリが合わないかもしれない」
「期待されてるような仕事の成果が出せないかも」
「毎日、満員電車に耐えられるかな」

不安の中身はこんな感じでしょうか。

ここで言えるのは、「すべては未知」だということです。わからないから不安になるのです。

わかっていたら、何かしら対処するか、どうしても嫌なら転職をやめたっていいわけですから。

結局、不安は未知からくるので、未知な部分を減らすことが大事です。

そのためには、とにかく起こりうる問題を書き出してみること。そして落ち着いて問題点を整理したり、対処法を考えたりしてみます。

先ほどの例だとしたら、

・「上司とソリが合わないかもしれない」↓会ってみないとわからないから、今考えてもしょうがないよね
・「期待されてるような仕事の成果が出せないかも」↓やってみないとわからないし、そもそも期待されるかもわからないから、今考えなくてOK
・「毎日、満員電車に耐えられるかな」↓早めの電車に乗ったら満員電車を避けたりできそう

こんなふうにある程度、整理して対処法を考えられたら、未知が減って不安も減らせるのではないでしょうか。

ポイント

未知をつぶせば、不安も減る

「怒りの感情」自体は悪くない。
でも「怒りの表現」は分けて考えよう。

怒るのって嫌ですよね。イラッとしてよけいなひと言を言って相手とギクシャクするのも嫌だし、かといって何も言えなくて、一人でムカムカするのも嫌なものです。

私も当直明けで疲れてたりすると、ささいなときにイライラしたりします。自分としてはコントロールしたいのですが、ヘトヘトだったりお腹がすいていたりすると、なかなかコントロールできません。

ただ、「怒りの感情」が生じること自体は悪くないと思っています。

怒りって「心の痛覚」だといわれたりします。

たとえば、痛覚がない人が自分は平気だからといって殴られ続けたら、体が壊れてしまいますよね。

心も同じで、怒りという「心の痛覚」がなかったら、他人にひどいことをされても自分が傷ついていることに気づかずに、いつしか心が壊れてしまうかもしれません。

怒りは自分を守るために必要な感情なんです。

ただ、問題は出し方。

カッとなって同僚にきつい暴言を吐いてしまったり、カチンときて子どもに手をあげてしまったりしたら問題があるでしょう。

相手との関係や自分への信頼にもひびが入ってしまいます。

「怒りの感情」自体は必要な感情です。とはいえ、それを相手にダイレクトにぶつけてしまうから問題になってしまうのです。

そのまま相手にぶつける前に、ちょっと立ち止まってみてほしいのです。

大事なのは、「怒りの感情」と「怒りの表現」は別モノだということです。

たとえば、部下が頼んでおいた仕事をしなかったとしましょう。「まだできてないのか？」なんて怒りの感情が湧くまではいいのです。

でも、「まだできてないの！　いったい何をしていたの」なんて職場でキレたら大問題です。その怒りの表現は、ちょっとまずいのです。

こういう場合、「立ち止まること」が大切です。

自分なりに「いったん立ち止まる方法」をいくつかもっておくと便利かもしれませ

ん。「立ち止まる方法」には、次のようなものがあります。

- ・イラッとしたら6秒数える
- ・カーッとなったら水を飲む
- ・「ゆるゆる」「まあまあ」など、怒りを感じたときに心で言う言葉を決めておく
- ・カチンときたら、心をしずめるためにその場から立ち去る

などです。

もちろんこれ以外にも、カーッときた自分が立ち止まる方法があるなら、なんでもいいと思います。

立ち止まると、自分の状況をもう少し落ち着いて認知することができます。

落ち着いたら、「自分がなぜ怒りを感じているのか」、その理由を考えることもできます。

・終わらせてあるはずだと思ったから、ショックだった
・納期までに仕事が終わらないと困る
・部下に仕事をスルーされてナメられてる気がする

このような感じで、自分の中にあるさまざまな気持ちに気づくことができると思います。

自分の気持ちをある程度整理したら、そこから「どう表現するか」を考えるといいのではないでしょうか。


たとえば、部下に「仕事が終わってないのがショックでした。今からやったら、いつ終わると思いますか?」と落ち着いて伝えることができます。

あるいは、「仕事が終わっていないのは本当に困る……。明日12時の取引先への提出が絶対だから、◯◯さんにも手伝ってって頼んでもらえるかな」と提案することもできます。

自分の中に「怒りの感情」が湧いたとしても、それはしょうがないことです。受け止めてあげましょう。

でも、そこでちょっと立ち止まって、自分の気持ちを整理して「怒りの表現」を考えることも大切です。

怒りの「感情」と「表現」は別にする。

意識しておきたいことですね。

ポイント

カチンときたら、いったん立ち止まる

「なんとかなる」の守備範囲を広げる。
守備範囲を広げると
生まれてくるのが「余裕」です。

同じことがあっても「もうダメだ」と思うか「なんとかなる」と思うかで「幸せ感」って変わってきますよね。

たとえば「寝坊して会社に遅刻した！」としましょう。

「上司は遅刻にめちゃくちゃうるさいから、すごく叱られるだろうな。何を理由にしたらいいだろう。寝坊だとまずいから電車が遅れたことにしようか、でもそんなのネットで調べればバレるし……」

といつまでもクヨクヨする人。

「まあいっか。なんとかなるよね」

と切り替えられる人。

幸せになりやすいのは、やっぱり後者です。「なんとかなる」の守備範囲は広いほうがいいです。

「なんとかなる」の守備範囲を広げると生まれてくるのが「余裕」です。

さっきの例だと、クヨクヨしている人は午前中いっぱい「やっぱり叱られた。みんなの前で恥ずかしかった……」などと落ち込んでミスを繰り返すかもしれませんが、「なんとかなる」と切り替えた人は「遅刻のぶんを取り返そう」とサクサク仕事を進められるでしょう。心に余裕があるからです。

じゃあどうしたら「なんとかなる」の守備範囲が広がるか。

そのヒントとなるのが「把握可能感」とか「処理可能感」というものです。

たとえば、合格ラインが70点の試験を受ける際に、不安だからといって必死になって勉強する人がいます。１００点をとる勢いで試験前日までたくさんの時間を使って、ムダともいえるくらいの努力を続ける人です。

それに対して、そこまで無理して勉強はせずに、余裕をもって試験に臨む人がいます。要領がいい人ですよね。

この要領がいい人が「把握可能感」や「処理可能感」の強い人です。

「把握可能感」は、自分が置かれている状況を把握したり、これから降りかかること

を予測できる感覚です。

今の状況を把握したり、これからの出来事を予測したりできるので「なんとかなる」と思える範囲が広がります。

「把握可能感」が強ければ、「自分はこれくらい勉強してきてるから、それくらいやれば、まあこの試験ぐらいなら対応できるだろう」というように、自分の能力や状況がざっくり把握できます。

「１００点ではないけれど、80、90点はとれて合格はできるだろう」みたいに全体が見えていて、だいたいの今後の予測が立っている。

「処理可能感」はまさに「なんとかなる」と思う感覚そのものです。自分の問題を自分の手で処理できる、そうした自信のようなものを指します。

「処理可能感」が強ければ、「どうしよう」「ダメだ！　もうちょっと勉強しなきゃ」などと、よけいな思考や不安で脳の容量をあまり使わず、「これまでもある程度の問題は解けたし、この試験は対処できる」と感覚的にわかります。
試験に臨むに際しても「まあ、なんとかなるだろう」と思えます。
だから不安が弱くて、適切な勉強量で合格できるのです。

こうした「把握可能感」や「処理可能感」を自分で伸ばすのはなかなか難しい面もあるかもしれません。

でも、「そういう感覚がある」と知っているだけでも、人生ちょっとは違うんじゃないでしょうか。

それとね、「把握可能感」や「処理可能感」って、今までなんとかなった経験の積み重ねでも培われると思います。

みんなけっこう忘れちゃうんですよね。これまで生きてこられたということは、全部をなんとかしてきたはずなのに、それを覚えていない。

今まで生きてこられたんだから、これもなんとかなる。大丈夫。

だから、まずは今までの人生で「なんとかできた記憶」を思い出してみるのもいいでしょう。

そんなふうにいろんな角度から「なんとかなる」の守備範囲を広げていきたいですね。

いい具合に「余裕」が生まれて、ラクに生きやすくなるのではないでしょうか。

ポイント

「把握可能感」と「処理可能感」を伸ばす

だいたいのことって「まあいっか」なんです。
人生ってそんなに
気合いを入れるほどでもないので。
100年たったら人間は
全部灰になるわけですし。

日々生きていると、「またダメだった。うまくいかない」と落ち込むことがあったり、「毎日毎日やらなきゃいけないことばかり。なのに誰も助けてくれない！」と腹が立つことがあったり、「なんで私ばっかりこんな目に。もうつらい、やめたい」と孤独になることがあったりすると思います。

こういうときに、二つの視点から考えてみてほしいなって思います。

まず一つは、「広い視点で見る」です。

「たしかに、この1回は失敗したけれど、そこまでの9回はうまくいったんだからトータルではOK」とか、「私のこの部分はダメかもしれないけど、いい部分はここかそことかいっぱいある」と、狭い一点だけではなく、少し俯瞰的に自分を遠くから見るのです。

こういうふうに広い視点から見ると、目の前の出来事が小さく見えて「まあいっか」ってなることもあると思うんです。

もう一つが「長い時間軸で見る」です。

「今」は、目の前にある出来事が大事件に思えますが、「10年後」から見たときに、「それってそこまで重要なことかな?」って考えるんです。

「10年後もその出来事が尾を引いてるかな」ということです。

たとえば僕の場合、10年ちょっと前の高校生のときのことを考えると、高校のときに大事件だと感じてたことは、今、まったく影響ないし、そもそも大事件だと思ったことすらほとんど覚えてもいない。

だから10年後から見たら、今の目の前の問題もきっとそうだよねっていう話です。

この「10年後」という時間軸を長くとる方法は、別のことにも使えます。

「10年後の自分から見たらどうしたいか」を考えようということです。

よくみんな「過去に戻りたい」って言いますよね。「戻ってやりなおせたら……」と。

でも、10年後から見たら、「今」はまさに「戻りたい過去」のはずです。それなら、「10年後の自分」がやりたいと思うことを、今、やってみる。

つまり「10年後の自分がやりたい」ということを優先してやろうという考え方に転換できるんですよね。

さらにもっと時間軸を長くとって「100年後から見たら」という方法もあります。100年後は、今、こうして生きて話している人は、みんな灰になっているんですよね。

僕は「まあいっか」と言いがちですけど、まあいいんですよ。だいたいのことって。人生ってそんなに気合いを入れるほどでもないので。

100年たったら人間は全部灰になるわけですし。

こう考えると、どうでもいいことや嫌な人に振り回されてないで、自分らしく生きよう、やりたいことをやろう、って思えたりしませんか。

あなたはあなたのために生きていい。
誰かに振り回されたり、搾取されないよう、繰り返し自分に言い聞かせてください。
あなたはあなたのために生きていい。

インスタ映えしなくたって、完璧じゃなくたって、毎日をがんばって生きている。
どうしようもなく普通に泥臭く生きてる自分を、そろそろ認めてあげましょう。
そして、ねぎらって、機嫌をとってあげて、優しくしてあげましょう。

誰に遠慮しているの?
人生はあなたの物語ですよ。

ポイント

だいたいのことは、「まあいっか」で
自分の人生を生きる

本書の2、5章にある書き込み用のワークシートが、
下記QRコードよりダウンロードできます。
ぜひ、プリントアウトしてご活用くださいませ。

https://d21.co.jp/special/selflove/

ユーザー名　discover2951

パスワード　selflove

「誰かのため」に生きすぎない

発行日　2023年5月26日　第1刷

Author　藤野智哉
Illustrator　村山宇希
Book Designer　田村梓（ten-bin）
Publication　株式会社ディスカヴァー・トゥエンティワン
〒102-0093　東京都千代田区平河町2-16-1 平河町森タワー11F
TEL　03-3237-8321（代表）　03-3237-8345（営業）
FAX　03-3237-8323
https://d21.co.jp/

Publisher　谷口奈緒美
Editor　大田原恵美（編集協力 御友貴子）

Marketing Solution Company
小田孝文　蛯原昇　飯田智樹　早水真吾　古矢薫　山中麻吏　佐藤昌幸　青木翔平
磯部隆　井筒浩　小田木もも　工藤奈津子　佐藤淳基　庄司知世　鈴木雄大　副島杏南
津野主揮　野村美空　野村美紀　廣内悠理　松ノ下直輝　八木眸　山田諭志　高原未来子
藤井かおり　藤井多穂子　井澤徳子　伊藤香　伊藤由美　小山怜那　葛目美枝子
鈴木洋子　畑野衣見　町田加奈子　宮崎陽子　青木聡子　新井英里　岩田絵美
大原花桜里　末永敦大　時田明子　時任炎　中谷夕香　長谷川かの子　服部剛

Digital Publishing Company
大山聡子　川島理　藤田浩芳　大竹朝子　中島俊平　小関勝則　千葉正幸　原典宏
青木涼馬　伊東佑真　榎本明日香　王廳　大﨑双葉　大田原恵美　坂田哲彦　佐藤サラ圭
志摩麻衣　杉田彰子　滝口景太郎　舘瑞恵　田山礼真　中西花　西川なつか　野﨑竜海
野中保奈美　橋本莉奈　林秀樹　星野悠果　牧野類　三谷祐一　宮田有利子　三輪真也
村尾純司　元木優子　安永姫菜　足立由実　小石亜季　中澤泰宏　浅野目七重
石橋佐知子　蛯原華恵　千葉潤子

TECH Company
大星多聞　森谷真一　馮東平　宇賀神実　小野航平　斎藤悠人　林秀規　福田章平

Headquarters
塩川和真　井上竜之介　奥田千晶　久保裕子　田中亜紀　福永友紀　阿知波淳平
近江花渚　仙田彩歌　池田望　齋藤朋子　俵敬子　宮下祥子　丸山香織

Proofreader　文字工房燦光
DTP　浅野実子（いきデザイン）
Printing　日経印刷株式会社

ISBN978-4-7993-2951-1
DAREKANOTAMENI IKISUGINAI by Tomoya Fujino